Nähring: Wilde Mähne, sanfter Blick

Christiane Nähring

Wilde Mähne, sanfter Blick

engelbert
peb

CIP-Kurztitelaufnahme der Deutschen Bibliothek

Nähring, Christiane:
Wilde Mähne, sanfter Blick / Christiane Nähring. –
1. Aufl. – Balve/Sauerland : Engelbert, 1982.
(pEb)
ISBN 3-536-01635-9

ISBN 3 536 01635 9
1. Auflage 1982
Umschlagfoto: Fritz Prenzel, Gröbenzell
Illustrationen: Walter Rieck
© 1982 beim Engelbert-Verlag, 5983 Balve
Nachdruck verboten — Printed in Germany
Gesamtherstellung:
Zimmermann GmbH & Co. KG, Engelbert-Verlag,
Zimmermann Druck, Hönne-Zeitung, 5983 Balve/Sauerl.,
Widukindplatz 2

Mit diesem Buch möchte ich mich bei den Ehepaaren Ernst und Elisabeth Renfordt sowie Doris und Peter Renfordt nebst den Kindern Klaus und Carola und Johann Deutsch aus Nachrodt-Wiblingwerde, Nordhelle, für die erwiesene Freundschaft und Hilfe bedanken.

Nirgendwo habe ich mich je so wohl gefühlt wie auf diesem verschwiegenen Bauernhof, der mir zur zweiten Heimat wurde.

Hier habe ich einen treuen Kameraden kennengelernt: meinen braven und doch so temperamentvollen Ronny, den ich nie wieder fortgeben werde.

Christiane Nähring

*Als ich noch Kinderschuhe trug
vor schon so vielen Jahren,
da war mein Wunch — er war ganz „klein":
ein Pony, nur für mich allein!*

*„Ein Pony wär' mein größtes Glück!"
Wie oft hab ich gebettelt
und mich enttäuscht dann abgewandt,
wenn Mutter den Kopf geschüttelt.*

*Die Jahre zogen rasch ins Land.
Ich war nun schon erwachsen.
Der Traum, der einst entfernt so weit,
jetzt endlich wurd' er Wirklichkeit.*

*Ich kaufte mir ein Pony.
Es trug den Namen Ronny.*

*Der freche, treue Schimmelbub
eroberte mein Herz.
Denn nur bei ihm fand ich so schick
die wilde Mähne, den sanften Blick!*

Das Wetter glich meiner Stimmung: Es regnete. So trüb wie der Tag war auch mein Sinn. Traurigkeit erfüllt mein Herz. Freude und Fröhlichkeit waren dahin.

Nie wieder wollte ich unser Gestüt wiedersehen. Das hatte ich mir geschworen. Bis vor zwei Monaten war es dort herrlich gewesen. Und hätte mir da einer prophezeit, ich würde fortgehen, ich hätte ihn ausgelacht. Aber dann kam der neue Pächter, und mit ihm kam das Verderben. Er schickte unsere braven alten Reitschulpferde eines nach dem andern zum Schlachter. In diesen zwei Monaten wurde für mich das Leben zur Hölle. Die Samstage, die sonst meine Freudentage gewesen waren, mußte ich nun fürchten — den Augenblick, an dem ich auf das Gestüt kam und wieder eine Box leer vorfand. Also hatte ich den schweren Entschluß gefaßt fortzugehen.

Während meiner Arbeit im Büro bemühte ich mich, meinen Kummer zu vergessen. Aber es war ein vergebliches Bemühen. Meine Kollegin, die zu einem kurzen Gespräch hereinkam, sah mir auch sofort an, daß etwas nicht stimmte.

„He, du machst ja ein Gesicht wie sieben Tage Regenwetter", kam es da auch schon. Ich warf ihr einen giftigen Blick zu in der Hoffnung, daß sie verstand und wieder abmarschierte. Doch gerade das weckte die Psychologin in ihr. Sie setzte sich mir gegenüber auf einen Stuhl und fuhr fort: „Sag schon, was ist los? Hat es dir die Tomaten verhagelt oder hat Lausbub dich in deine vier Buchstaben getreten?"

Sie konnte nicht ahnen, daß sie mit der Erwähnung des Pferdes voll den wunden Punkt traf. Nur mit Mühe hielt ich die Tränen zurück, denn mein geliebter Lausbub, auf dem ich so manch schöne Reitstunde erlebt hatte, war am Samstag ebenfalls zum Schlachter gefahren worden. Angeblich war der dämpfig. Ich glaubte es nicht.

„Laß mich doch in Ruhe. Nichts ist los. Ich will nur alleine sein!" fuhr ich meine Kollegin an. Gleich darauf bedauerte ich meine Schroffheit. Was konnte Roswitha denn dafür, daß Lausbub tot war und ich meine alten Freunde, die Pferde, im Stich gelassen hatte? Darum fügte ich leiser hinzu: „Tut mir leid. Aber du kannst mir auch nicht helfen."

Roswitha sagte nichts. Sie merkte, wie schwer mir diese Worte fielen, und auch, daß ich verzweifelt um Beherrschung rang. Ich wußte aber, daß sie trotzdem auf eine Erklärung wartete.

„Na gut. Jetzt hat auch Lausbub dran glauben müssen. Darum habe ich unserem Gestüt für immer den Rücken gekehrt. Du weißt, wie viele Pferde dort unten in letzter Zeit an den Schlachter verkauft worden sind. Röschen — wie können Menschen nur so schlecht sein? Sehen sie denn nicht die treuen Blicke der Tiere? Merken sie nicht, wie anhänglich sie sind, wenn man sie nur richtig behandelt? Sie wollen doch auch leben — genauso wie der Mensch. Aber nein, sobald ein Tier nicht mehr gefällt oder nützt, wird es umgebracht. Lausbub war doch erst sechs Jahre alt. Wenn es mir möglich gewesen wäre, hätte ich ihn gekauft. Aber wo sollte ich ihn lassen? Ich kann keine 400 Mark im Monat aufbringen, auch wenn ich ganz gut verdiene!" Ich konnte nicht mehr weitersprechen.

Roswitha sah mich erschrocken an. Sie wußte, wie sehr ich an dem Gestüt gehangen hatte. Auch sie ging ab und zu reiten. Nicht in einer Reitschule, sondern bei einem privaten Züchter. An diesen Hof dachte sie jetzt, als sie leise sagte: „Vielleicht kann ich dir mehr helfen, als du denkst — nur, ich kann dir keine Reithalle bieten, keine Schulstunden — nur Pferde, aber das sind noch lange nicht die schlechtesten, das kannst du mir glauben!"

Es dauerte einen Moment, bis ich den Sinn ihrer Worte richtig erfaßt hatte. Irgendwie konnte ich nicht mehr an ein neues Glück mit Pferden glauben. Skeptisch sah ich sie an.

„Du meinst Pferde? Wirkliche Pferde? Und die Menschen? Ein neuer Stall wäre im Augenblick sicher das Beste für mich. Vielleicht bringen mir neue Pferde wieder Glück. Mir hat es am Samstag fast das Herz zerrissen, als ich zum letztenmal durch die lange Stallgasse ging, die bekannten Namen an den Boxen las und jedes Pferd zum Abschied streichelte."

Verzweifelt starrte ich aus dem Fenster, mein Blick verlor sich im Nichts. Im Geiste sah ich Lausbub, wie er temperamentvoll über eine Weide galoppierte. Schneeweiß leuchtete sein Fell in der Sonne.

Roswitha riß mich aus meinen trübsinnigen Erinnerungen, indem sie begann zu erzählen. Und sie berichtete so liebevoll von „ihren" Pferden, daß sich meine Angst vor einem neuen Reinfall auflöste und ich mir nichts sehnlicher wünschte, als auch dort reiten zu dürfen. Den Moritz kennenzulernen, der sich seiner Reiter gern entledigte, den gemütlichen Ano, den jedes Kind reiten konnte, die Traber und die Esel.

„Hier ist die Telefonnummer. Ruf doch einfach mal an und frage, ob du kommen kannst!" schlug meine Kollegin vor. Zögernd nahm ich den Zettel entgegen, auf dem sie die Nummer notiert hatte.

Sollte ich es wirklich noch einmal versuchen? Aber wenn ich nun wieder Pech haben würde? Nicht mit den Pferden, mit denen hatte ich mich immer verstanden. Nein, darum machte ich mir keine Sorgen, aber wie stand es mit den Menschen?

Ich wußte ja nicht, daß auf Hof Renfordt ein kleiner Rappschimmel auf mich wartete, der ein Jahr alt war und bis jetzt genauso wenig Vertrauen zu den Menschen hatte wie ich. Heute glaube ich, es war Bestimmung, daß wir uns fanden.

Aber ob ich auch den ganzen Tag kommen und

im Stall helfen kann? zweifelte ich. Wieder mußte ich an das Gestüt denken. Dort war ich jeden Samstag und obendrein an den Urlaubstagen gewesen, hatte geholfen und durfte dafür umsonst reiten.

Nun, die finanzielle Seite nahm ich gar nicht so wichtig. Es war mir egal, ob ich bezahlen mußte oder nicht. Es ging mir weniger um das Reiten als um die Pferde.

Zögernd wählte ich die Nummer und wartete mit bang klopfendem Herzen, ob sich jemand meldete. Als endlich der Hörer abgenommen wurde, war der Bauer persönlich am Apparat.

„Peter Renfordt", meldete er sich.

Nachdem ich meinen Namen genannt hatte, brachte ich ängstlich meine Bitte vor. „Ich wollte mal fragen, ob ich bei Ihnen reiten kann — ich meine, ob ich auch für einen ganzen Tag kommen und im Stall helfen darf", stotterte ich verlegen. Doch die freundliche Stimme des Bauern nahm mir die Scheu.

„Ja, das ginge schon. Du wolltest dann dafür reiten, nicht wahr?" wollte Herr Renfordt wissen. Erschrocken zuckte ich zusammen und warf Roswitha einen raschen Blick zu.

„Nein, nein, das ist mir egal. Ich bezahle selbstverständlich. Hauptsache, ich bin bei Pferden. Ob ich für meine Arbeit reiten kann oder nicht, ist mir nicht wichtig", beteuerte ich eilig.

„Ja nun, wenn du hilfst, dann kannst du auch dafür reiten. Das ist dann schon in Ordnung", erklärte Herr Renfordt und lachte.

Ich mußte mit Gewalt meine Freudentränen zurückhalten. Das hatte ich nicht erwartet.

Roswitha machte mich mit einer Handbewegung auf sich aufmerksam.

„Frage, ob er den Moritz noch hat", raunte sie mir zu.

Ich gab die Frage an Herrn Renfordt weiter und nickte Roswitha eifrig zu, als ich die gedehnte Antwort vom anderen Ende der Leitung vernahm.

„Ja, der Moritz ist noch da!"

Roswitha stieß einen Freudenlaut aus, und ich zeigte ihr auf die bekannte Weise den Vogel, während ich mir von dem Bauern den Weg zu seinem Hof beschreiben ließ.

Glücklich legte ich schließlich den Hörer auf die Gabel zurück und sagte leise: „Roswitha, weißt du, was seine Zustimmung für mich bedeutet? Pferde — endlich wieder Pferde!"

Das klang sicher so, als wäre ich monatelang und nicht erst einen Tag von meinen geliebten Vierbeinern getrennt gewesen. Aber ich war so glücklich, daß ich mir meine Worte gar nicht so genau überlegte. Ich bemerkte auch nicht gleich, daß Roswitha das Zimmer verließ. Pferde — mein Gott, Pferde! klang es hell in meinen Gedanken und ließ mich den Schmerz über das verlorene Glück auf dem Gestüt vergessen.

„Guten Morgen. Ist das hier Hof Renfordt?" Fragend sah ich den Mann an, der neben dem Misthaufen stand, die Hände in den Hosentaschen seiner weiten Hose vergraben, und meiner Mutter und mir abwartend entgegenblickte. Nun nickte er zustimmend.

„Ja, da sind Sie hier richtig. Aber der Peter ist nicht da, nur die Doris. Sie hat dort im Pferdestall!" Es gelang ihm wirklich, eine Hand hervorzuziehen, mit der er dann auf ein kleines Gebäude zeigte.

Ich bedankte mich, und meine Mutter fuhr das Auto auf den kleinen Parkplatz. Mit klopfendem Herzen nahm ich meinen Beutel und stieg aus. Wie klein und alt hier doch alles wirkte im Gegensatz zu dem großen Gestüt. Mir wurde klar, daß ich mich völlig umstellen mußte, wenn ich bleiben würde.

Zögernd ging ich auf den kleinen Stall zu, aus dem mir schon ein Pferdekopf entgegensah, der unverkennbar zu einem Haflinger gehörte. Die mächtige Kopfform und die weiße Mähne sind typisch für diese Rasse.

Meine Mutter, die sich bis jetzt im Hintergrund gehalten hatte, ging auf einmal eilig an mir vorbei. Erstaunt sah ich sie an und blickte mich dann um. Jetzt bemerkte auch ich die beiden Collies, die neugierig auf mich zugelaufen kamen.

„Hey, seid ihr aber schön!" rief ich bewundernd aus, als der weiß-braune neben mir stehenblieb und eifrig meine Hose beschnupperte. Auch der schwarz-weiße war näher gekommen und stand jetzt eifersüchtig bellend vor mir. Erst als ich ihn gestreichelt hatte, gab er sich zufrieden.

„Guten Morgen!" ertönte in diesem Augenblick eine ruhige Stimme von dem kleinen Pferdestall herüber. Die junge Frau war mir schon sympathisch, bevor ich sie überhaupt sah. Das erstaunte mich. Menschen gegenüber verhielt ich mich meistens vorsichtig — um nicht zu sagen mißtrauisch. Gleichzeitig meldete sich bei mir aber die Angst, daß sie mich vom Hof weisen würde. Doch diese Sorge war unbegründet. Das stellte sich schon nach den ersten Worten heraus, die ich mit Frau Renfordt gewechselt hatte. Mir fiel ein Stein vom Herzen.

Als meine Mutter abgefahren war, stand ich ziemlich verloren neben Frau Renfordt vor dem Pferdestall und traute mich nicht, ein Gespräch anzufangen. Darum atmete ich erleichtert auf, als die junge Frau das Schweigen brach.

„Wie alt bist du?" fragte sie freundlich.

„Achtzehn", gestand ich, vermied aber zu sagen, daß es nur noch zwei Tage dauern würde, bis ich neunzehn wurde. Ohnehin löste meine Altersangabe bei Frau Renfordt leichtes Erschrecken aus.

„Ach herrje! Da muß man ja ‚Sie' sagen, nicht wahr?"

„Bloß nicht! Ich komme mir dann so verflixt erwachsen vor, und das gefällt mir gar nicht. Für Sie bin ich einfach Christiane", winkte ich entsetzt ab.

Inzwischen war der schwarz-weiße Collie wieder herangekommen und hatte sich eifrig bellend vor mir aufgestellt. Verunsichert sah ich Frau Renfordt an. Diese lachte belustigt auf.

„Jetzt hat du was gemacht. Hab keine Angst, der will nur gestreichelt werden. Das ist Taiga, und der andere heißt Reiko."

Jetzt, wo ich Taiga streichelte, war er wieder ruhig. Ich war so mit ihm beschäftigt, daß ich nicht bemerkte, daß Frau Renfordt sich abwandte und wieder im Stall verschwand.

„Reiko! Taiga! Kommt!" ertönte eine laute Stimme, und sofort ließen die beiden Collies von mir ab und liefen zum Kuhstall. Ein älterer Mann grüßte kurz zu mir herüber und verschwand dann mit den beiden Hunden im Stall.

Jetzt erst stellte ich fest, daß Frau Renfordt nicht mehr da war.

Langsam glitt mein Blick über die großen Hangweiden. Rundum waren sie von Baumreihen eingefaßt. Der ganze Hof machte einen abgeschiedenen Eindruck. Fast schien es, als sei hier die Zeit stehengeblieben. Gerade das gefiel mir. Menschengetümmel mochte ich nicht. Am liebsten saß ich irgendwo allein in einer Ecke und träumte.

„Wie schön es doch hier ist! Herr Gott, mach, daß ich bleiben darf!" flüsterte ich leise.

Als ich den Stall betrat, riß mich ein tiefes

Schnauben aus meinen Gedanken. Der große Haflinger neigte sich mit angelegten Ohren zu mir herüber.

„He, du, was soll das? Ich tue dir ja gar nichts", sprach ich leise auf das Pferd ein. Neben der kräftigen Stute stand ein kleines Fohlen, und ich begriff, warum sich das Tier mir gegenüber so vorsichtig benahm.

„Komm ruhig rein!" rief Frau Renfordt. „Unsere Anja tut dir nichts."

Ich reichte der Stute trotzdem ein Stückchen Zucker.

Der Leckerbissen half auch jetzt. Die Ohren schnellten nach vorn. Gleichzeitig spürte ich den sanften Stoß eines weichen Mauls im Rücken.

Erstaunt wandte ich mich um und sah eine kleine, weiß-schwarze Schettlandponystute. Sie stand hinter mir in einem Ständer, schob mir bettelnd das Maul entgegen und beleckte sich eifrig.

Leise lachte ich auf. So eine herzliche Begrüßung ließ ich mir gerne gefallen.

„Das ist Lola", erklärte Frau Renfordt. Schweigend nickte ich und strich der kleinen Stute die wirre Mähne aus dem Gesicht.

Lange konnte ich ihrem bettelnden Blick nicht widerstehn — auch sie bekam ein Stückchen Zucker.

Dann endlich kam ich dazu, mich in dem kleinen Stall umzusehen. Links neben mir waren drei und vor mir vier Ständer. Dazwischen lag die kleine Stallgasse. An der rechten Seite des kleinen Stalls waren zwei große Boxen.

Mein Blick blieb an einem fast weißen Pferd hängen, das aussah wie ein zu hell geratener Haflinger.

Moritz! schoß es mir durch den Kopf. Das mußte er sein. Auf ihn traf die Beschreibung, die meine Kollegin mir gegeben hatte, genau zu: Den linken Hinterhuf auf Kippe, die Ohren flach am Kopf liegend und mich neugierig musternd, so stand er da.

„Das ist der Moritz, nicht wahr?" fragte ich Frau Renfordt und wies auf das Pferd.

„Ja, das ist er. Woher kennst du ihn?"

Ich erzählte ihr, was Roswitha mir über das Pferd berichtet hatte. Plötzlich jedoch stockte ich und blickte erschrocken zur Seite.

Ein kleiner, kindlicher Kopf mit dunklen Augen, die mich neugierig anblitzten, hatte sich neben der kräftigen Haflingerstute über die Boxwand geschoben. Begeistert zupfte das kleine Fohlen an meinem Anorak.

„He, Stöppi, willst du mit mir spielen?" fragte ich leise, wobei ich aber die Stute nicht aus den Augen ließ, die mißtrauisch die Ohren anlegte. Leise, mit tiefer, beruhigend klingender Stimme sprach ich auf sie ein, und langsam richteten sich die Ohren der Stute wieder auf.

„Die tut bloß so böse", meinte Frau Renfordt, „in Wirklichkeit ist sie lammfromm."

Der Reihe nach lernte ich jetzt auch die anderen Pferde kennen. Der große, dunkelbraune Hengst in der Box neben Anja hieß Ihmat, war zwei Jahre alt und ein Traber. Er würde noch dieses Jahr auf die Rennbahn kommen.

Dann stand da neben Moritz der Ano, den ich schon aus vielen Erzählungen meiner Kollegin kannte. Er war ebenso wie Armin, ein zweijähriger Hengst, der einen Ständer weiter angebunden war, ein Haflinger. Im letzten Ständer war Ali, ein zweijähriger brauner Kleinpferdwallach, eingestellt.

„Sind das alle Pferde?" wollte ich, nun doch etwas enttäuscht, wissen, denn Roswitha hatte von Traberstuten, Eseln und einem Haflingerhengst gesprochen.

„O nein! In dem kleinen Stall nebenan haben wir noch die Katja mit ihrem Fohlen und die Nani. In der Box neben dem Stall stehen zwei Traberstuten, oben auf dem Heuboden sind die Isabeckerin, die Elfi und der Max, unser Haflingerhengst. Im Kuhstall ist auch noch eine Box, da haben wir die Esel und im Kälberstall noch drei Jährlinge, zwei Haflinger und ein Kleinpferd", erzählte Frau Renfordt und lachte belustigt auf, als sie mein ungläubiges Gesicht bemerkte, während ich verzweifelt bemüht war, das Durcheinander von Boxen und Ställen in eine Reihe zu bringen.

„Ich glaube, du kommst am besten mit, wenn ich füttere. Die drei Jährlinge habe ich schon versorgt."

So kam es, daß ich an diesem Tag noch nicht mit dem Kleinpferd zusammentraf, das einmal mein treuester Freund werden sollte.

Frau Renfordt erzählte mir viel von den Pferden, und ich begann, mich auf dem Hof wie zu Hause zu fühlen. Alle waren so nett zu mir, wie ich es selbst auf dem Gestüt nicht erlebt hatte. Es kam mir vor, als wäre ich schon eine halbe Ewigkeit auf diesem verschwiegenen Hof.

„Du trinkst doch sicher eine Tasse Kaffee mit, nicht?" meinte Frau Renfordt, als die Oma vom Haus zum Frühstück rief. Zögernd nahm ich die Einladung an.

Als wir die Küche betraten, schoß unter dem Ofen ein bellendes und knurrendes Etwas hervor.

„Großer Gott, haben Sie einen Fuchs?" entfuhr es mir, wobei ich das braune Tier mißtrauisch beobachtete.

Frau Renfordt lachte laut auf. Verunsichert blieb ich in der Tür stehen.

„Sicher ist das eine Füchsin! Sieht man das nicht? Sie heißt Heidi!"

Zweifelnd sah ich Frau Renfordt an. Ich hatte das Gefühl, daß sie mir einen dicken Bären aufband. Daß mich dieses Gefühl nicht trog, wußte ich, als ich sie vergnügt blinzeln sah. Also war der Fuchs doch ein Hund.

Heidi stand an der gespannten Kette und bellte noch immer wütend. Erst als Frau Renfordt ein Machtwort gesprochen hatte, trat Ruhe ein, und Heidi verschwand wieder unter dem Ofen. Trotzdem merkte ich, daß sie mich die ganze Zeit über aufmerksam beobachtete.

Zögernd setzte ich mich an den Tisch. Der Opa

saß auf der Bank und war in die Zeitung vertieft. Ab und zu las er einige Artikel laut vor. Johann, ein Rentner, der früher auf Höfen gearbeitet hatte und nun bei Renfordts wohnte, lehnte an der Treppe. Er war es, mit dem ich zuerst gesprochen hatte, als ich auf den Hof kam. Die Oma hantierte noch am Ofen.

Langsam füllte sich der Tisch.

Erschrocken zuckte ich zusammen, als von draußen eine laute Stimme an mein Ohr drang.

„Da kommt Peter", sagte Frau Renfordt ruhig.

Neugierig blickte ich zur Tür, die jetzt aufgestoßen wurde. Sogleich stellte ich fest, daß die große, kräftige Gestalt des Bauern zu seiner Stimme paßte.

„Hallo, wen haben wir denn da?" fragte er mit einem Blick auf mich. Bevor ich etwas sagen konnte, hatte seine Frau ihm schon erklärt, wer ich war.

„Ach so, du bist das!" rief er aus und lachte dröhnend, während er seine Jacke an der Treppe aufhängte. Schweigend nickte ich — beeindruckt von so viel Lautstärke.

*

„He, Christinchen, du machst wohl auch alles, was!"

Ich zuckte zusammen und klammerte mich erschrocken an die Mistgabel, als ich so laut und unerwartet angesprochen wurde.

Lachend, die Hände in die Seiten gestemmt, stand Herr Renfordt vor dem Misthaufen und sah mir zu, wie ich den Mist verteilte.

„Warum nicht? Das gehört auch zu den Pferden — nicht nur das Reiten, wie leider so viele meinen", entgegnete ich ruhig.

Zustimmend nickte Herr Renfordt und ging dann zum Stall hinüber. Jetzt erst fiel mir auf, daß er nicht „Christiane", sondern „Christinchen" gesagt hatte. Diesen Namen sollte ich noch öfter hören.

Verbissen arbeitete ich weiter. Der Aprilsonne gelang es noch nicht, die Kälte restlos zu vertreiben. Trotzdem wurde es mir bald warm, und darum zog ich den Anorak aus. Einen Augenblick lang stütze ich mich auf die Mistgabel und sah verträumt über die Weiden bis hinunter ins Tal.

Wie schnell konnten sich doch die Zeiten ändern. Vor einer Woche war ich noch so verzweifelt gewesen, und jetzt glaubte ich, ein neues Paradies gefunden zu haben. Diese Ruhe, die ein anderer, geselliger Mensch vielleicht als quälend empfunden hätte, löste in mir die Spannungen und die Angst, mit denen ich am Morgen den Hof betreten hatte. Die weiten Wiesen und Wälder und der alte Bauernhof brachten in mir eine neue Saite zum Klingen. Ich ahnte, daß ich auf diesem alten Hof mein Glück finden konnte.

In einem Punkt hatte ich mich allerdings geirrt. So ruhig, wie ich es anfangs dachte, war es auch auf

Hof Renfordt nicht. Das merkte ich, als ich beim Striegeln war.

„Morgen! Hallo! Du bist die Neue, nicht wahr?" ertönte eine laute, aber keinesweges unsympathische Kinderstimme. Verblüfft drehte ich mich um. Ein zirka 10jähriges Mädchen mit blonden Haaren, die zu zwei langen Zöpfen geflochten waren, stand in der Stalltür. Neugierig sah sie mich an und bohrte die Hände in die Taschen ihres orangenfarbigen Anoraks.

Nickend trat ich zwischen Moritz und Ano hervor.

„Allerdings, die bin ich. Heiße Christiane, und du?" Abwartend rieb ich Kardätsche und Striegel aneinander.

„Carola. Wie alt bist du?"

Nur mit Mühe konnte ich mir ein Lachen verbeißen. Diese Frage schien hier anscheinend in der Familie zu liegen.

Fassungslos starrte Carola mich an, nachdem ich ihr geantwortet hatte.

„Puh, so alt schon?" kam es dann ziemlich entsetzt. Jetzt konnte auch ich mein Lachen nicht länger zurückhalten. Ihre Reaktion amüsierte mich doch zu sehr. Auch Carola fing an zu lachen. Fast schien es, als ob wir uns schon jahrelang kannten.

„He, reiten wir gleich?" wollte sie wissen, als wir wieder fähig waren, uns in Worten auszudrücken.

„Weiß nicht, das hängt nicht von mir ab. Vielleicht, wenn...!" Eine laute Jungenstimme ließ mich in meinen Worten innehalten.

„Tutti!" ertönte es zum zweitenmal. Carola verdrehte grinsend die Augen.

„Das ist Klaus, mein Bruder", stellte sie mit Nachdruck fest.

Ein 12jähriger, kräftiger Junge mit kurzgeschnittenen braunen Haaren steckte den Kopf zu Stalltür herein.

„Ach, da bist du ja. Kommst du mit, Kaninen zu füttern?"

Jetzt erst bemerkte er mich.

„Morgen! Bist du das, die neulich mal angerufen hat wegen mithelfen und so?" fragte er, nachdem er mich eingehend gemustert hatte.

„Dein Scharfsinn hat dich nicht getrogen", stellte ich fest und grinste. Klaus schielte mich von der Seite her gespielt ernst an und ließ dann den Blick forschend über die Pferde gleiten. Schließlich trat er hinter Moritz und strich mit der Hand über seine Kruppe. Sein Gesicht verfinsterte sich zusehends, als er seine nunmehr dreckigen Finger betrachtete.

„Das nennst du sauber? Also nein, ich muß schon sagen, so geht das nicht! Noch mal putzen. Und daß mir kein Staubkörnchen mehr im Fell hängt, wenn ich wiederkomme!" polterte er entrüstet los. In diesem Augenblick war die Ähnlichkeit mit seinem Vater einfach umwerfend.

„He, wer sagt dir denn, daß ich Moritz schon

geputzt habe?" Abwartend sah ich ihn an und lehnte mich grinsend an Ano.

„Wie, den hast du noch nicht fertig? Was hast du denn heute den ganzen Morgen über gemacht?" spielte er sich gekonnt auf.

„Oh, 'ne ganze Menge. Zum Beispiel die Pferde kennengelernt, den Misthaufen glattgemacht und gerade angefangen zu striegeln", zählte ich auf.

Abwägend bewegte Klaus den Kopf.

„Na gut, wollen wir das mal glauben. Aber daß mir das nicht immer so geht. Vor allen Dingen der Moritz — er gehört übrigens mir — muß immer schön sauber sein. Dagegen mit dem kleinen Schweinchen" — er wies mit dem Daumen hinter sich auf Lola — „brauchst du dir keine Mühe zu geben. Die gehört bloß Tutti!"

Bei diesen Worten riß er schützend die Arme hoch, denn Carola sprang auf ihn zu und schlug scherzhaft auf ihn ein.

„So, welches Pferd braucht jetzt nicht geputzt zu werden und ist ein Schweinchen?" fuhr sie ihren Bruder dann an.

„Oh, nicht schlagen, Massa, nicht schlagen! Ich nehmen alles zurück. Dein Pferd sein prima, meins dagegen ganz schlecht. Müssen immer geputzt werden, bis kein Staubkorn mehr in Fell — du haben gehört? Aber meins auch putzen — sonst ich werden sehr, sehr böse!" Klaus fuchtelte abwehrend mit den Armen, als Carola wieder auf ihn zukam.

„Dein Pferd sein auch schneller als meins, Massa, nur nicht schlagen. Ich alles tun!" Er nahm eine derart unterwürfige Haltung an, daß auch Carola nicht länger ernst bleiben konnte und ihn lachend in seine vier Buchstaben trat. Klaus beugte sich zu mir rüber und meinte leise: „Und mein Moritz ist doch schneller als das gescheckte Schweinchen da."

Zu seinem Pech hatte Carola diese Worte auch gehört. „Was hast du gesagt! Na, warte! Wenn ich dich erwische!"

Laut um Hilfe schreiend rannte Klaus aus dem Stall, verfolgt von einer drohend die Fäuste schwingenden Carola.

Lachend schüttelte ich den Kopf und trat dann wieder zwischen die Pferde.

*

„Du möchtest sicher auch gerne reiten, nicht, Christinchen?" meinte Herr Renfordt, diesmal in Zimmerlautstärke, als wir später in der Küche beisammensaßen. Gleichgültig zuckte ich mit den Schultern.

„Das ist mir egal."

Diese Antwort bewirkte zu meinem Erschrecken, daß seine Stimme sich wieder verstärkte.

„Sicher kannst du reiten. Nimm dir am besten den Moritz. Carola reitet mit und zeigt dir den Reitweg. Wenn dann mal Leute zum Reiten kommen, die den Weg nicht wissen, kannst du ja mitreiten. Auch wenn du so mal Lust zum Reiten hast, kannst du dir den Moritz ruhig aus dem Stall holen."

Ich brachte vor Freude nur ein leises „Danke" zustande. Gleichzeitig blickte ich dem Ritt auf Moritz mit ziemlich gemischten Gefühlen entgegen. Doch die Unruhe schwand, als ich im Sattel saß. Carola ritt auf Lola voraus und bog oberhalb des Hofes unvermittelt auf einen schmalen Weg ab. Zu meinem Entsetzen stellte ich fest, daß er steil ins Tal ab-

fiel. Doch schon nach wenigen Schritten merkte ich, daß Moritz trittsicher war wie eine Bergziege. Sorgsam setzte das Tier einen Huf vor den anderen und bemühte sich, möglichst nicht mit den matschigen Stellen auf dem Reitweg in Berührung zu kommen. Ließ sich dies dennoch nicht vermeiden, so warf er fast angeekelt die Hufe.

Durch diese Sorgfalt meines Pferdes war ich immer wieder gezwungen, den Kopf einzuziehen, um tiefhängenden Ästen auszuweichen.

Im Galopp stürmte er eifrig nach vorne, doch Lola brachte ihm mit einem drohenden Huftritt bei, wer an die Spitze gehörte.

Ich verstand gar nicht, warum Roswitha behauptete, daß Moritz gern bockte. Er ging den ganzen Reitweg, ohne nur einmal zu buckeln.

Wahrscheinlich wollte er sich nur gut bei mir einführen, denn auf etlichen späteren Ritten hätte er sich den Weltmeistertitel im Bocken verdient.

Viel zu schnell gingen der Ritt und auch der Tag vorbei.

„Na, wie war es?" wollte meine Mutter wissen, als wir uns auf dem Nachhauseweg befanden.

„Einfach prima. Du, die Pferde ...! Ach, wenn es doch nur schon wieder Samstag wäre", wünschte ich dann leise.

Gleich am Montagmorgen kam Roswitha zu mir.

„Hallo! Erzähl, schnell, wie hat es dir bei Renfordts gefallen?" Ungeduldig sah sie mich an.

„Ich weiß gar nicht, wie ich dir danken soll. Es ist einfach klasse. Aber weißt du, eines habe ich doch gemerkt. Die Renfordts und die Tiere — irgendwie steckt sehr viel mehr dahinter als einfache Geschäftemacherei. Sie hängen so an den Tieren, und Renfordt holt durch den Verkauf von zwei, drei Fohlen oder Großpferden doch niemals seine Kosten herein." Ich zuckte ratlos mit den Schultern, wußte nicht, wie ich es anders ausdrücken sollte.

„Da hast du recht. Wenn er von seiner Pferdezucht leben wollte, würde er nicht lange bestehen. Es steckt wirklich eine ganze Menge mehr dahinter, und glaube mir — die Tiere merken das. Sie wissen ganz genau, daß sie nicht nur ‚Objekt' sind."

Nachdenklich starrte ich aus dem Fenster. Leider gibt es viel zuwenig Menschen dieser Art.

*

Endlich war es Freitag, ein Uhr, und somit Feierabend. Ausgelassen pfeifend, was dem musikalischen Gehör meines Kollegen gar nicht guttat, räumte ich polternd meinen Schreibtisch auf. Aus dem Nebenzimmer hörte ich nur noch ein resigniertes Gemurmel, welches sich so anhörte wie: „Mädchen, die pfeifen und krähen, denen sollte man den Hals . . .!" Den Rest bekam ich nicht mehr mit, da die Tür mit einem Knall, der die Scheiben klirren ließ, hinter mir ins Schloß fiel.

Das Kapitel Büro war für diese Woche für mich abgeschlossen.

Auf ging es zu den Pferden!

Es war sieben Uhr am Morgen, als wir auf dem Hof eintrafen.

„Mach's gut, bis heute abend!" rief meine Mutter mir nach, als ich zum Stall ging. Dann wendete sie den Wagen und fuhr heim.

Beim Betreten des Stalles fiel mein Blick auf drei junge Pferde, zwei Haflinger und ein Kleinpferd, die links neben dem Eingang in den Ständern angekettet waren.

„Hoppla, euch kenne ich ja noch gar nicht", entfuhr es mir verwundert.

„Morgen! Das glaub' ich wohl. Die drei waren bisher im Laufstall. Es sind Jährlinge. Bei denen mußt du noch aufpassen. Sie könnten treten." Frau Renfordt war mit zwei Wassereimern zwischen den Pferden aufgetaucht. Überrascht sah ich sie an. Ich hatte gedacht, ich sei alleine im Stall.

Dann blickte ich zu dem kleinen schwarzen Kleinpferd, das ängstlich zu mir herübersah. Es lag so viel in dem dunklen Blick des kleinen Hengstes!

„Wie heißt der Schwarze?" fragte ich Frau Renfordt leise, ohne das Pferd aus den Augen zu lassen.

„Ronny. Aber paß auf, der ist der schlagfertigste von den dreien. Nicht aus Bösartigkeit, sondern aus Angst. Wir hatten die drei seit dem Absetzen von den Stuten im Laufstall. Sie bekamen nur ihr Saufen und Fressen, aber nicht den Kontakt zum Menschen. Jetzt muß ihnen erst mal die ‚göttliche Hausordnung' beigebracht werden. Ronny tut sich noch etwas schwer damit."

„Ein schöner Name für ein schönes Pferd. Der Kleine gefällt mir. Wenn ich mal ein Pferd kaufen würde, dann ihn", entfuhr es mir.

Weiß Gott, der kleine schwarze Bursche mit den ängstlichen Augen und dem großen weißen Stern auf der Stirn hatte bereits mein Herz gewonnen.

Als ich mich Ronny langsam näherte, hob er drohend den Huf. Am liebsten hätte er sich in ein Mauseloch verkrochen. Er drückte sich verängstigt an die Wand, die seinen Ständer abgrenzte.

„Holla, Bursche. Braver Ronny! Nur ruhig, tust du mir nichts, tue ich dir nichts, kleiner Freund", mit sanfter Stimme versuchte ich den kleinen Hengst zu beruhigen. Doch Ronny dachte nicht daran, seine drohende Haltung aufzugeben.

Frau Renfordt hatte den Stall verlassen. Obwohl alle Ständer belegt waren, existierte doch nur dieser schwarze Hengst für mich. Jetzt erst merkte ich, daß sein Fell mit weißen Härchen durchsetzt war. Er würde also einmal weiß werden.

„Wenn wir doch nur Freunde werden könnten, Ronny! Wenn es mir möglich wäre, würde ich dich sofort kaufen. Aber ich werde wohl nie ein Pferd haben, noch dazu so ein schönes und temperamentvolles wie dich. Hoffentlich verkaufen Renfordts dich nicht, dann könnten wir zusammenbleiben, auch wenn du nicht mir gehörst", sagte ich leise und war den Tränen nahe, als mir der Gedanke kam, daß Ronny verkauft werden könnte. Diese Liebe auf den ersten Blick hatte mich wirklich ziemlich kräftig erwischt.

Aber Renfordts konnten auch nicht alle Pferde behalten. Ab und zu behielt er zwar auch ein Fohlen, aber den größten Teil des Nachwuchses verkaufte er.

Nur schwer riß ich mich von dem Anblick des Fohlens los, dessen ängstlicher Blick noch immer auf mir ruhte, und begann den Stall auszumisten. Diese Arbeit nahm an diesem Morgen mehr Zeit in Anspruch als sonst. Immer wieder sah ich zu Ronny hinüber, der mich bei der Arbeit beobachtete. Als ich den Boden hinter ihm fegte, schlug er aus und sprang nach vorn. Dabei schnaubte er ängstlich.

Wenn ich damals geahnt hätte, wie oft ich dieses erschrockene Schnauben, das eher einem Schnarchen glich, noch hören sollte — ich glaube, ich wäre nicht mehr von der Seite des Ponys gewichen.

Der Tag versprach schön zu werden. Die Sonne schien. Auch die Pferde schienen den nahenden Frühling zu spüren. Sie waren unruhig und tänzelten nervös. Doch erst kurz vor Mittag, als es ein wenig wärmer war, kamen sie auf die Weide.

Schließlich standen nur noch die drei Jährlinge im

Stall. Aufgeregt tänzelte Ronny hin und her, als die zwei Haflinger rausgeführt wurden und er alleine blieb. Er wieherte laut und ging zurück, so weit die Kette reichte. Ich las Angst in seinen Augen. Er wollte nicht allein bleiben.

Frau Renfordt betrat den Stall.

„So, jetzt den Ronny noch. Ach, was ist er ungeduldig! Na, komm", sprach sie ruhig auf ihn ein.

Doch Ronny war so aufgeregt, daß er nicht wußte, wie er die Hufe zu setzen hatte. Er wollte schneller, als es der glatte Steinboden der Stallgasse erlaubte. Seine Hufe rutschten ihm weg, und er fiel hin. Doch sofort sprang er wieder auf und drängte zur Tür. Frau Renfordt hatte alle Hände voll zu tun, den kleinen, temperamentvollen Hengst zu halten.

„Da steckt Pfeffer drin, was?" meinte sie und lachte, als Ronny sich auf der Weide auf die beiden Haflinger stürzte. Hatte ich am Anfang noch Mitleid mit ihm gehabt, weil er gegen die kräftigen Haflinger so klein und feingliedrig wirkte, so bedauerte ich jetzt die anderen beiden Jährlinge. Obwohl sie doch um einiges größer waren als Ronny, kamen sie nicht gegen ihn an. Er verhaute sie nach Strich und Faden.

„Das ist doch nicht möglich", murmelte ich bestürzt und fand immer mehr Gefallen an dem verrückten kleinen Pferd.

Wild bockend galoppierte er über die Weide und fiel dann in einen langgestreckten, federnden Lauf. In dem Pferd steckte nicht nur Pfeffer, sondern auch Anmut und Eleganz.

Wenn der Bauer ihn nur nicht verkaufen würde!

*

Die Zeit verging. Vor wenigen Tagen waren die beiden Haflingerjährlinge verkauft worden, und ich bangte um Ronny. Doch bis jetzt hatte Herr Renfordt noch nichts davon gesagt, daß er auch ihn abgeben würde.

Wieder einmal war es Samstag, und an diesem Tag kam Carola mit einer Neuigkeit zu mir.

„He, machst du nächsten Samstag mit beim Ponyreiten?" fragte sie und lehnte sich neben mich an den Zaun.

„Ponyreiten? Was soll das sein?"

„Im Dorf ist Picknick. Wir gehen mit ein paar Pferden runter. Eben Ponyreiten. Wir müssen die Pferde mit den Kindern darauf führen. Das ist ein Mist, sag' ich dir", erklärte sie. „Da hängst du den ganzen Tag am Pferd und hast am Abend wunde Füße. Und das ganze Theater am Samstag und Sonntag. Das wird wieder lustig!" Sie sah auf ihre Füße und verzog das Gesicht zu einer Grimasse, als täten ihr die Füße schon jetzt weh. Belustigt lachte ich auf.

„Ja, ist gut, ich komme mit. Welches Pferd nimmst du?" Ich war ziemlich begeistert, obwohl Carola mich so schonungslos auf die Schattenseite des Unternehmens aufmerksam gemacht hatte.

„Das weiß ich noch nicht. Wahrscheinlich den Ali. Und du?"

„Wenn es geht, den Moritz", meinte ich nach kurzem Überlegen.

„Okay. Ich reite gleich den Ali zu", sagte sie.

Erschrocken sah ich sie an. Ali war ein zweieinhalbjähriges Kleinpferd, ein ziemlich zart gebauter Brauner mit viel Temperament.

„Den willst du zureiten?" Ich sah sie skeptisch an.

Carola nickte. „Sicher, warum nicht? Es gibt hier auf dem Hof nur ein Pferd, das ich nicht einreiten würde", erklärte sie dann.

„So? Welches denn?"

„Den Ronny", meinte sie. „So was Verrücktes wie den gibt es kein zweitesmal."

Da mußte ich ihr allerdings recht geben. Wer den zureiten wollte, war nicht zu beneiden. Ich ahnte nicht, auf wenn in gar nicht ferner Zukunft diese Aufgabe zukommen würden.

„Kommst du mit? Ich will den Ali satteln. Papa kommt gleich", sagte Carola.

Zögernd nickte ich. Das konnte ja heiter werden.

Carola holte das Kleinpferd von der Weide. Ali war ein ziemlich zappliger Bursche. Es dauerte eine Weile, bis Carola es geschafft hatte, ihn zu satteln und aufzuzäumen. Aufatmend hakte sie schließlich eine Führleine in den Trensenring und führte Ali aus dem Stall.

„Gut, führ ihn noch einen Moment." Herr Renfordt stand mit verschränkten Armen in der Haustür und sah Carola zu. Ruhig ging der Braune neben dem Mädchen her. Nachdem sie ihn ein paarmal im Schritt und im Trab die Straße hinauf und hinunter geführt hatte, nahm Herr Renfordt das Pony am Zügel.

„Also, rauf dann", meinte er und nickte Carola aufmunternd zu.

Ali verspannte sich und tänzelte nervös, als das Mädchen sich langsam in den Sattel gleiten ließ. Ängstlich blickte er um sich, und die Ohren zuckten nervös vor und zurück. Trotzdem lief er ruhig neben dem Bauern her. Langsam entspannte er sich, und Carola nahm die Zügel auf. Ali ging unter dem Sattel, als ob er es seit langem gewohnt wäre.

Carola strahlte. „Das ist ein Pferd, was?" rief sie mir triumphierend zu. Nach wenigen Minuten saß sie wieder ab. Herr Renfordt wandte sich mir zu.

„Siehst du, so werden bei uns in der Nordhelle junge Pferde zugeritten."

Ich nickte anerkennend und folgte Carola, die mit Ali in den Stall ging.

*

„Na, Christinchen, du willst auch ein Pferd führen?" fragte Herr Renfordt belustigt und sah mir zu, wie ich versuchte, aus Moritz' Fell den letzten Schmutz zu bürsten. Ich nickte.

„Klar, warum nicht?"

„Ja, nun, du mit deinen kleinen Füßen und dann so ein großes Pferd! Stell dir mal vor, der tritt dir auf die Füße, das merkt er ja gar nicht!" Laut über mein verdutztes Gesicht lachend, verließ er den Stall. Dafür kam jetzt seine Frau, bewaffnet mit einem Eimer Wasser, zu uns.

„So, dann wollen wir mal die Schweife waschen." Mit diesen Worten tauchte sie Moritz' Schweif in die Seifenlauge. Verwundert blickte das Pony sich um. Sein Gesicht schien aus einer einzigen Frage zu bestehen. Er ließ die Wäsche mit einer erstaunlichen Ruhe über sich ergehen. Man konnte meinen, er genösse sie. Es war kaum zu glauben, wie weiß sein Schweif wurde. Als er trocken war, hing er locker und wellig. Auch seine Mähne war heller geworden und hing schön buschig zu beiden Seiten des Halses herunter.

Kurz vor zehn Uhr standen Moritz, Ano und Ali sauber geputzt, gesattelt und getrenst vor dem Haus. Ein wenig Huffett noch, und wir konnten losziehen.

Bis zur Hauptstraße ritten wir. Die letzten paar hundert Meter führten wir die Ponys. Schon von weitem hörten wir die Musik aus den Lautsprechern.

Klaus hielt schnüffelnd seine Nase in den Wind und rieb sich den Bauch. „Oh, leckere Würstchen. Wer übernimmt gleich mein Pferd? Ich hab' Hunger!" Das war nichts Neues.

Kinder kamen uns neugierig entgegengelaufen und betrachteten mit erstaunten Augen die Ponys. Doch dann waren sie wie auf Kommando verschwunden, und ich dachte belustigt an die Eltern, die jetzt mit Bitten bestürmt wurden und schließlich wohl oder übel die Geldbörse zücken mußten. Nur zu gut konnte ich mich daran erinnern, wie es früher bei mir gewesen war.

Moritz hatte keine Lust. Schwerfällig setzte er einen Huf vor den anderen. Ab und zu gähnte er gelangweilt. Sobald wir stehenblieben, klappten wie auf Kommando seine Augendeckel zu.

Schon bald war das Ponyreiten in vollem Gange, und Moritz wurde langsam wach. Das lag wohl besonders an dem dicken Hinterteil des gemütlichen Haflingers Ano, welches verführerisch vor ihm hin- und herwackelte und zum Zubeißen einlud.

Ab und zu warf ich besorgte Blicke zum Himmel hinauf, doch der Wettergott schien uns wohlgesinnt zu sein. Es war kühl, aber trocken.

Moritz begann störrisch zu werden. Er versuchte immer wieder, aus der Reihe zu drängen. Bald merkte ich auch, was ihn diesmal so fesselte. Es waren die Blumen, die in einer Schale neben dem Ponyzirkel standen. Das Pony entwickelte beachtliche Kräfte und ließ sich nur schwer von den Blumen zurückhalten. Schließlich verlagerte er sein Interesse auf meinen Anorak.

Ich nahm die Reitkarte eines kleinen Jungen entgegen und wartete gelangweilt, daß Ano wieder anmarschierte. Moritz spielte mit den Lippen an der Borte meines Anoraks herum. Ich ließ ihn gewähren. So war er wenigstens abgelenkt und kam nicht auf dumme Gedanken.

Als Ano sich in Bewegung setzte, nahm ich die Zügel wieder auf. Doch Moritz widersetzte sich. Wütend packte der Vierbeiner die Borte mit den Zähnen und riß den Kopf hoch. Es gab einen scharfen Knacks, und mein Anorak bestand plötzlich zur Begeisterung der Umstehenden aus zwei Teilen.

„Christinchen, was machst du denn für Sachen?" hörte ich Herrn Renfordt fragen und begegnete dem lachenden Blick seiner Frau. Ratlos zuckte ich mit den Schultern und marschierte kopfschüttelnd hinter Ano her.

Moritz hatte ganze Arbeit geleistet. Der Reißverschluß war aus dem Stoff herausgerissen. Trotzdem konnte ich dem kleinen Kerl nicht böse sein. Er hatte jedenfalls zur allgemeinen Heiterkeit beigetragen.

Als wir das nächste Mal stehenblieben, schob mir das Pony sanft sein Maul entgegen.

„Bist doch ein Halunke! Aber gerade darum mag ich dich ja", flüsterte ich leise. Als hätte Moritz meine Worte verstanden, tasteten sich seine Lippen zu meiner Hemdbluse vor. Sanft aber entschieden schob ich ihn beiseite.

„Die laß mir heil, die brauch' ich noch."

„Paß nur auf, Christinchen! Der zieht dich sonst aus!" rief Herr Renfordt mir zu und lachte laut auf, als ich ihm einen kurzen Blick zuwarf.

Carola hatte recht behalten. Mir schmerzten die

Füße. Zwei Tage Pferdeführen war kein leichter Sport. Aber eines wußte ich trotzdem: Beim nächsten Mal würde ich wieder dabeisein!

*

Die Zeit strich ins Land.
Immer besser gefiel es mir auf dem entlegenen Bauernhof. Die Menschen dort gaben mir das Gefühl, daß ich dazugehörte und wirklich willkommen war. Am liebsten wäre ich gar nicht mehr fortgegangen. Die Wochentage zogen sich dermaßen hin, daß ich manchmal meinte, es nicht mehr ohne meine Pferde aushalten zu können.

Freude und Leid wechselten, und immer besser lernte ich die Pferde verstehen. Sehr viel schaute ich Frau Renfordt ab. Sie hatte so eine ruhige, ja, man konnte sagen mütterliche Art, mit den Tieren umzugehen, wie ich es bis dahin noch nicht gesehen hatte.

Dann passierte eines Tages der Unfall mit dem Traberfohlen. Lady Jörres, erst wenige Wochen alt, war mit der linken Hinterhand im Zaun hängengeblieben. Die Wunde ging bis auf den Knochen. Mit sehr viel Geduld legte Frau Renfordt ihr immer wieder neue Verbände an. Doch es wollte nicht besser werden. Die Wunde war naß und schloß sich nicht. Immer wieder kam der Tierarzt. Endlich, Wochen waren schon vergangen, schien eine Besserung einzutreten. Die Wunde ging immer mehr zu. Bis zur völligen Heilung würde es nicht mehr lange dauern — so schien es.

Doch dann hatte eines Nachts die alte Stute nicht aufgepaßt und ihrem Fohlen gegen das Bein getreten. Wieder öffnete sich die Wunde. Ja, bald war es noch schlimmer als zuvor.

Der Winter kam. Jetzt dehnten sich die Wochen noch mehr für mich. Nur selten noch kam ich auf den Hof. Die Strecke war zu weit und im Winter nicht angenehm zu fahren. Nur wenn die Straßen wirklich frei waren, fuhr meine Mutter mich hin.

Dem Fohlen ging es besser. Auf Anraten eines zweiten Tierarztes hatten Renfordts das Bein nicht mehr verbunden. Die Wundränder zogen sich zusammen, und es bildete sich eine schützende Kruste.

So temperamentvoll, wie das Fohlen war, so anhänglich war es auch. Alles wurde beschnüffelt, angestupst und schließlich mit den Zähnen untersucht. Manchmal endete das ziemlich schmerzhaft. Ich werde wohl nie vergessen, wie die kleine Lady mich anschaute, als ich ihr einmal einen strafenden Klaps gegeben hatte. Sie war entsetzt und schien gar nicht zu begreifen, was geschehen war. Ihre Augen blickten mich so verständnislos an, daß es aussah, als würde sie jeden Moment in Tränen ausbrechen. Da tat sie mir leid, und ich streichelte beruhigend ihren Hals.

Als das Frühjahr kam, war die Wunde völlig verheilt, und Lady durfte auf die Weide. Wie sehr hatte sie diesen Auslauf doch vermißt!

Als Herr Renfordt sich den Jährling einmal auf der Weide ansah, meinte er kopfschüttelnd: „Für die Rennbahn gibt das kein Pferd. Vielleicht behalte ich sie hier zum Reiten."

Vor wenigen Tagen erst war der zweieinhalbjährige Junghengst Imert an die Trabrennbahn verkauft worden. Nicht jedes Jahr war ein Fohlen dabei, das sich dafür eignete.

Auch jetzt hatte der Pferdezüchter wieder einen vielversprechenden jungen Hengst auf der Weide. Er hieß Lord Jörn und war mit dem inzwischen zweijährigen Ronny zusammen. So, wie Ronny früher die beiden Haflinger verhauen hatte, so balgte er sich jetzt mit dem wesentlich größeren Traber.

Eines Tages, Herr Renfordt und ich standen hinter dem Stall und blickten auf die Weide hinunter, wo Ronny und Lord Jörn friedlich grasten, meinte er: „Den Ronny haben wir letzte Woche legen lassen. Es ist alles gutgegangen. Aber den ersten Tag kam er immer den Steilhang herauf und lief wiehernd auf dem Hof rum." Ungläubig sah ich ihn an. Mein Blick schweifte ab zu dem ungefähr sechs Meter hohen, fast senkrecht abfallenden Hang. Was war das nur für ein Pony?

Wenn er nur nicht verkauft würde!

*

Im Sommer verging die Zeit viel zu rasch. Heu und Stroh wurden in Massen eingefahren. Dazwischen war wieder mal Ponyreiten, oder auf dem Hof fiel irgendeine Arbeit an.

Der Juli zog vorbei und der August. Es wurde September.

Als ich samstags morgens auf den Hof kam, dachte ich noch, es sei ein Samstag wie jeder andere: abwechslungsreich zwar, aber ohne besondere Vorkommnisse. Doch diesmal erlebte ich eine böse Überraschung.

Dichter Nebel lag über Tal und Wäldern. Vergebens versuchte die Sonne an diesem trüben Septembermorgen mit ihren Strahlen, Mensch und Tier zu erfreuen. Fröstelnd schob ich die Hände in die Taschen meiner Reithose und pfiff Reiko und Taiga. Übermütig sprang Taiga an mir vorbei, während Reiko neben mir herlief, immer in der Hoffnung, gestreichelt zu werden. Aber mir war es zu kalt, und ich hatte keine Lust, meine Hände, die gerade etwas Wärme verspürten, wieder aus den Taschen zu nehmen.

„Ab, geh!" befahl ich, und endlich trollte der Collie sich. Nachdenklich folgte ich der Straße und hielt nach den Traberstuten mit ihren Fohlen Ausschau.

Träge wallte der Nebel über die Wiese. Dann sah ich schemenhaft einen Pferdekopf mit aufmerksam gespitzten Ohren in meine Richtung blicken.

Es war die Isabeckerin. Gleich darauf tauchten auch Lady Jördis, Elfi und Jocund aus dem milchigen Grau auf. Daneben standen die Fohlen. Dichtgedrängt standen die Pferde am Zaun und sahen abwartend zu mir herüber.

Ich blieb stehen und vergaß die Hunde über diesem herrlichen Bild. Es strahlte so viel Ruhe und Frieden aus. Lange Zeit stand ich regungslos da, sah nur hinüber und versank in Träumereien. Wie schön wäre es doch, wenn mir davon ein Pferd gehörte. Ein Pferd — und wenn es dann gar noch der kleine Ronny wäre...!

Doch das blieb wohl nur ein Traum. Nie würde ich ein eigenes Pferd haben.

Traurig seufzte ich auf und war ganz froh, daß Taiga mich ungeduldig bellend aus meinen Gedanken riß.

Nur schwer konnte ich mich von dem herrlichen Bild der Stuten mit ihren Fohlen trennen.

„Na, komm. Wir gehen zurück", sagte ich leise zu dem Collie, der auch sofort beruhigt und eilig vorauslief. Reiko schloß sich ihm an.

Noch ein paarmal sah ich zurück zur Weide. Doch je mehr ich mich entfernte, desto undeutlicher wurden die Pferde. Bis der Nebel sie schließlich ganz vor meinen Augen verbarg.

Es dauerte noch Stunden, bis die Sonne den letzten Nebelfetzen verschlungen hatte.

Ich stand hinter dem Stall und blickte hinunter

auf die Weide, wo Ronny sich mit Lord Jörn in einer spielerischen Balgerei befand, als Herr Renfordt zu mir trat.

„Willst du nicht ein Pferd kaufen, Christinchen?" Er sah mich fragend an und lachte laut auf, als er mein bestürztes Gesicht sah. Ich fühlte mich überrumpelt. Doch dann machte ich den Spaß mit.

„Wenn es mir möglich wäre, schon. Aber im Augenblick ist es schlecht. Ich spare doch für den Führerschein. Da ist kein Pfennig über. Wen wollen Sie denn verkaufen?"

Bei seiner Antwort wurde es mir flau im Magen, sie war wie ein Stich ins Herz.

„Ronny", sagte er. Nur Ronny.

Entsetzt sah ich ihn an, und dann verlor sich mein Blick auf der Weide bei dem Pony, dem mein Herz gehörte.

Nun war es also soweit. Der Tag, den ich mehr gefürchtet hatte als alles andere auf der Welt, war gekommen. Vielleicht war Ronny schon nächsten Samstag nicht mehr da. Wie leer würde dann die Weide sein für mich ohne ihn.

„Wollen Sie ihn wirklich nicht behalten?" fragte ich leise, aber voller Hoffnung.

„Nein. Ich kann schließlich nicht alle Pferde behalten. Die Romy verkauf' ich schon nicht. Nächste Woche setze ich einige Pferde in die Zeitung."

Einige Pferde — auch meinen Ronny.

Das durfte nicht geschehen. Und wenn ich Himmel und Hölle in Bewegung setzen mußte, um es zu verhindern.

Gleichzeitig lachte ich mich insgeheim aus. Ich schalt mich einen Esel. Wie wollte ich es schon verhindern, daß das Pony verkauft wurde? Herr Renfordt setzte durch, was er wollte.

„Der Ronny müßte jetzt angelernt werden. Longieren, dann Zureiten. Er ist ein kräftiger Bursche geworden", hörte ich Herrn Renfordt wie aus weiter Ferne sagen.

In Gedanken sah ich einen fremden Reiter auf Ronny sitzen, mit Gerte und Sporen den Willen meines schwarzen Freundes brechend; Gewalt dort anwendend, wo Liebe erforderlich war.

Verzweifelt ging ich in den leeren Stall. Ich mußte einen Weg finden, mir mein Pony zu erhalten.

Bald darauf kam meine Mutter. Nachdenklich starrte ich auf dem Nachhauseweg auf die vorbeihuschende Landschaft. Es dauerte nicht lange, bis meine Mutter das Schweigen brach.

„Was ist los?" fragte sie geradeaus.

Mir war noch immer keine Rettung für Ronny eingefallen — nur eine, aber da würde meine Mutter im Dreieck springen.

„Der Ronny soll verkauft werden", sagte ich leise. Fast lauernd wartete ich auf Mutters Antwort. Vielleicht gelang es mir doch, das Pferd zu satteln und zu zäumen, ehe es was merkte.

„Ronny? Welches Pferd ist das?"

„Der kleine Schwarze. Du weißt doch, der, der mir so gut gefällt — ein Kleinpferd", sagte ich langsam, um mir meine Erregung nicht anmerken zu lassen.

„Ach so, der! Schade", meinte sie. Doch so schnell gab ich meinen Freund nicht verloren.

„Könnten wir — eh, kann ich nicht — ich meine, ich könnte mir doch ein Pferd leisten?"

So, nun war die Katze aus dem Sack.
Schweigen.
Doch dann meinte sie: „Wieviel soll er denn kosten? Und was kostet der Unterhalt monatlich? Er wird nicht billig sein."
Am liebsten hätte ich mich nun in meine vier Buchstaben getreten. Warum hatte ich Riesenroß mich nicht danach erkundigt?
„Weiß nicht", antwortete ich kleinlaut.
„Auf jeden Fall kostet es zuviel. Du willst doch nächstes Jahr den Führerschein machen. Beides zusammen geht nicht."
Gab es denn so was? Sollten Ronny und ich denn wirklich nicht zusammenkommen? Wollte uns das Schicksal nun einen bösen Streich spielen, nachdem es uns vor einem Jahr zusammengeführt hatte?
Doch halt — was hatte sie gesagt? Führerschein und Pferd — beides zusammen geht nicht?
Aber eines alleine?
Es war klar, für was ich mich entscheiden würde. Doch im Augenblick schien es mir besser, dieses Thema fallenzulassen. Aber ich würde wieder darauf zurückkommen. Ich mußte nur einen günstigen Moment abwarten. Der schien mir am Abend gekommen zu sein, als wir zu Bett gingen.
„Mutti?"
„Hm, was willst du?"
„Den Ronny!"
„Ich hol' dir gleich einen Arzt! Gute Nacht."

Der Moment war anscheinend doch nicht so passend gewesen. Aber so schnell gab ich nicht auf.

Am nächsten Morgen sah ich im Büro ungeduldig auf die Uhr. Endlich hatte meine Mutter Frühstückspause. Mit zitternden Händen wählte ich ihre Telefonnummer.

„Hallo! Was willst du denn?" fragte sie ein wenig besorgt.

„Den Ronny", sagte ich nur und wußte, daß dies meine letzte Chance war, sie umzustimmen.

„Jetzt hör auf! Ich denke, du willst den Führerschein machen. Alles auf einmal geht nicht!" antwortete sie verärgert.

„Und wenn ich den Führerschein noch ein bis zwei Jahre aufschiebe? Hör mal, der Ronny ist noch jung, zweieinhalb Jahre. Ich könnte ihn selbst zureiten, und es wäre für mich die einzige Möglichkeit, auch zu springen. Das kann ich ja mit den anderen Ponys nicht. Außerdem wird Ronny mal ein Schimmel. Du weißt ja, was ich immer gesagt habe: Entweder kriege ich einen Rappen oder einen Schimmel. Ronny ist ein Rappschimmel!"

Puh, also wenn sie jetzt nicht zustimmte, dann wußte ich nicht, was ich noch alles auffahren sollte.

Es dauerte eine Weile, bis meine Mutter sich wieder meldete. Eine Zeit, in der ich wenigstens zehn Stoßgebete zum Himmel schickte. Und sie wurden erhört!

„Na gut. Wenn du den Führerschein noch lassen

willst, dann frage nach, wieviel das Pony kosten soll und was Renfordt im Monat haben will. Wenn es nicht zuviel ist, dann können wir darüber reden!"

Es dauerte einen Moment, bis ich mein Glück fassen konnte.

„In Ordnung. Danke! Ich rufe mal bei Renfordts an. Bis gleich!" Ich konnte nun nicht schnell genug den Hörer auf die Gabel legen, aus Angst, daß sie sich ihren Entschluß noch überlegte.

Eilig wählte ich die Nummer des Ponyhofs. Was dauerte es doch diesmal, bis jemand den Hörer abnahm! Schon wollte ich resignierend auflegen, da meldete sich Frau Renfordt.

„Ach, Christiane! Was ist los?"

„Frau Renfordt. Wieviel soll Ronny kosten?"

Mit bang klopfendem Herzen wartete ich auf ihre Antwort.

„Der Ronny? Hast du einen Interessenten?" fragte sie erstaunt.

Ich lachte und bedauerte es, der jungen Frau in diesem Moment nicht gegenüberzustehen. Zu gerne hätte ich ihren Gesichtsausdruck beobachtet.

„Ja, den habe ich — mich selbst!"

Es dauerte einen Augenblick, bis die ungläubige Stimme von Frau Renfordt an mein Ohr drang.

„D u willst den Ronny kaufen?"

„Richtig! Könnte er bei Ihnen stehenbleiben? Ich möchte mir keinen neuen Stall suchen."

„Das ginge selbstverständlich. Ja, aber ich weiß

nun nicht, was er kosten soll. Da müßtest du schon meinen Mann fragen. Der ist jetzt schon vorausgegangen. Wir wollen oben an der Straße das Heu wenden. Kannst du nachher so um halb zwei noch mal anrufen?"

„Ja, selbstverständlich", antwortete ich enttäuscht und warf einen Blick auf die Uhr. Es war gerade erst zehn durch.

Die Zeit zog sich wie Gummi. Ich konnte nicht ruhig sitzen bleiben, geschweige denn mich auf meine Arbeit konzentrieren. Ungeduldig rannte ich im Zimmer auf und ab. Sollte es wirklich so weit kommen, daß Ronny tatsächlich mir gehören würde? Es wäre ein Wunder, ein Glück, wie ich es bis zu diesem Tage noch nicht gehabt hatte.

Meine Kollegen hatten schon die Nummer des Krankenhauses herausgesucht. Sie erklärten mich für total übergeschnappt. Trotz ihrer Versuche herauszubekommen, was mit mir los war, schwieg ich. Ihre Gesichter würden mich für diese Wartezeit entschädigen.

Als ich um halb zwei erneut anrief, hatte ich den Bauern gleich am Telefon.

„Ja, Christinchen! Was habe ich gehört, du willst den Ronny kaufen? Im Ernst?" Ich hörte die Belustigung aus seiner Stimme und wußte, daß er mir nicht glaubte. Es war auch zu ungewöhnlich. Noch vor einer Woche hatte ich selber nicht zu glauben gewagt, daß ich jemals ein Pferd haben würde.

„Nein, wirklich. Ich will Ronny kaufen!"

Er lachte laut auf. Ich sah ihn direkt vor mir, wie er am Telefon stand und ungläubig den Kopf schüttelte.

„Ja, wenn du wirklich Spaß daran hast... Ich meine, für dich wäre der Ronny schon was. Du könntest jetzt anfangen, ihn zu longieren. Du könntest mit ihm spazierengehen, den Sattel auflegen. Und wenn du ihn hier stehenlassen willst, ist das auch in Ordnung. Ich meine, ich sehe ja auch gerne, was aus meinen Pferden wird."

Schließlich nannte er mir die Preise, mit denen ich gern einverstanden war.

„Gut. Ich sage eben Mutti Bescheid. Dann rufe ich noch mal an, ob ich das Pony kaufe oder nicht. Aber ich kann schon jetzt ziemlich sicher zusagen, daß ich ihn nehme. Bis gleich!"

Als ich keine zwei Minuten später abermals in der Nordhelle anrief, machte ich den Handel perfekt.

Ronny gehörte mir. Samstag würde ich ihn bezahlen.

Ungläubig starrte ich vor mich hin, schüttelte den Kopf und fing schließlich an zu lachen.

Mein Kollege betrat das Zimmer und sah mich erstaunt an.

„He, was ist denn mit dir los? Warum lachst du so?" wollte er dann wissen und grinste. Es dauerte einen Moment, bis ich antworten konnte. Meine Augen tränten, und mein Bauch tat weh.

„Warum? Nun, ich habe eben ein Pferd gekauft. Sonst ist eigentlich nichts weiter", brachte ich atemlos hervor. Mein Kollege legte den Kopf zur Seite, sah mich an, als habe er falsch verstanden, und grinste.

„Du machst gute Witze! Du und ein Pferd gekauft! Hahaha, das ist wirklich gut! Was denn, einen Esel?"

Empört und beleidigt sah ich ihn an.

„Nein, ehrlich! Ich habe soeben ein zweieinhalbjähriges westfälisches Kleinpferd gekauft. Einen Rappschimmel, der noch nicht zugeritten, kopfscheu und außerdem halbwild ist!"

Langsam schien er zu begreifen, daß ich keinen Spaß machte. Entgeistert blickte er mich an.

„Sag mal — spinnst du?" kam es dann ziemlich respektlos.

Ich zuckte die Schultern.

„Ihr werdet sehen. Samstag bezahle ich ihn, und dann könnt ihr schon mal für Blumen sammeln, die ihr mir demnächst ins Krankenhaus schickt. Ronny bringt nämlich einiges von Temperament auf die Waage!"

*

Herr Renfordt stand am Bagger und füllte den Tank auf. Aufgeregt stieg ich aus dem Auto. Wie lang war mir doch die letzte Woche geworden. Obwohl ich Ronny kannte, hatte ich es kaum abwarten können, den Handel perfekt zu machen. Ich fühlte das Geld in meiner Tasche und wußte, daß ich es gleich hergeben würde. Aber ich gab es gerne ab, denn dafür würde ich mein Pony bekommen.

Ich sah es unten auf der Weide stehen. Ronny blickte zu mir herauf.

„Morgen!" Herr Renfordt begrüßte meine Mutter und mich. Als erstes wurde das Wetter besprochen, dann dies und jenes, und endlich kam Ronny an die Reihe. Wir blickten zu ihm hinunter. Er stand noch immer auf demselben Fleck und sah neugierig zu uns hoch.

„Der ahnt schon, was auf ihn zukommt", meinte Herr Renfordt und blinzelte meine Mutter vergnügt an.

Ich war überglücklich, als der Bauer mein Geld in Empfang genommen hatte. Jetzt war der Kauf perfekt, jetzt konnte mir keiner mehr meinen schwarzen Freund streitig machen. Ronny gehörte mir.

Es war verrückt! Da hatte ich doch wirklich ein halbwildes Pferd gekauft, nur weil es mir schöne, besser gesagt ängstliche und hilflose Augen gemacht hatte. Nun mußte ich mich bemühen, aus dieser Situation das Beste zu machen. Aber einfach stellte ich mir meine Aufgabe nicht vor.

Bewaffnet mit einer Mohrrübe ging ich hinüber zur Weide. Ich mußte mehrmals rufen, bis Ronny endlich näher kam. Er hatte kein Halfter an. Neugierig stupste er mich mit dem Maul an und wich im nächsten Augenblick schon wieder zurück, erschreckt von seinem Mut.

„Ronny, mein Freund. Jetzt gehören wir zusammen. Auch du wirst mir noch vertrauen, Bursche. Warte es ab. Mein Gott, ich kann es noch immer nicht glauben, daß du nun mir gehörst. Ja, Dicker, jetzt müssen wir halt zusehen, wie wir miteinander auskommen. Bist ein braver Bursche", sprach ich leise auf ihn ein. Langsam hob ich die Hand, um ihn zu streicheln, doch wieder wich er zurück. Das hatte ich erwartet. Er kam zwar, wenn man ihn rief, aber er schien noch nicht zu wissen, was er von den Zweibeinern zu halten hatte.

Es würde eine Menge Mühe kosten, sein Vertrauen zu gewinnen. Aber ich zweifelte nicht, daß es mir gelingen würde. Ich war froh, daß er endlich mir gehörte.

Ronny lief zurück zu Lord Jörn. Er hatte einen eleganten Trab. Es steckte Kraft und Anmut in seinen Bewegungen. Voller Übermut begann er auf Lord Jörn einzuschlagen, und gleich darauf befanden sich die beiden in einer spielerischen Keilerei, die Ronny zu seinen Gunsten entschied. Ich schüttelte den Kopf. Was hatte ich mir da nur für einen Raufbold auf den Hals geladen! Aber auch das hatte ich vorher gewußt.

Herr Renfordt trat zu mir.

„Hier hast du seine Papiere. Du kannst sie ja in

Münster auf deinen Namen umschreiben lassen, wenn du willst." Mit diesen Worten reichte er mir ein gelbes Blatt in einer Plastikhülle.

„Danke", sagte ich leise, während ich das Papier studierte.

Ronny war am 31. 03. 1977 aus der Verbindung zwischen der Schimmelstute Katja (Kleinpferd) und dem Welsh-Cob-Hengst Teify Royal hervorgegangen. Heute, am 15. September 1979, war Ronny somit zweieinhalb Jahre und zwei Wochen alt.

Gedankenverloren schlenderte ich zur Sattelkammer, um die Papiere in meinen Beutel zu legen.

Carola und Klaus kamen die Straße vom Neubau herunter. Klaus verschwand im alten Haus, während Carola zu mir kam.

„Hey! Na? Auch wieder da? Hast du tatsächlich den Ronny gekauft? Das finde ich prima! Bin mal gespannt, ob er schneller ist als Ali!" redete sie munter darauf los. Ich hatte Mühe, die Fragen in einer Reihe zu bringen.

Belustigt nickte ich dann.

„Ja, ich habe Ronny gekauft. Nächstes Jahr wird sich entscheiden, welches von den beiden Ponys schneller ist."

Aber diese Antwort schien Carola nicht zu befriedigen. Sie verzog enttäuscht das Gesicht.

„Wieso erst nächstes Jahr? Du kannst doch den Ronny schon heute einreiten", meinte sie.

Ich mußte lachen.

„Das geht nicht, Tutti. Du weißt doch, daß er im Laufstall aufgewachsen und somit nicht so zahm wie die anderen Fohlen ist. Ronny muß erst mal an Menschen gewöhnt werden. Ich will sein Vertrauen gewinnen. Das wird nicht einfach sein."

„Hm, na gut. Ich helfe dir, ja?"

„Einverstanden. Ich hole ihn nachher rein. Aber er hat kein Halfter an."

Nach dieser Antwort begann Carola geschäftig die Sattelkammer auf den Kopf zu stellen. Bald kam sie mit einem Halfter in der Hand zu mir.

„Hier, das müßte eigentlich passen. Komm, wir probieren es mal." Nach diesen Worten rannte sie auch schon los.

„He, warte! Kann ich das so einfach nehmen? Ich werde mir nächste Woche ein Halfter und das Kleinzeug kaufen. Es wäre ja schön, wenn ich bis dahin ein Halfter von euch benutzen könnte. Aber dann muß ich erst deine Eltern fragen!"

Carola winkte ab. „Ist schon in Ordnung. Komm jetzt!"

Was sollte ich noch reden? Carola schien hier das Kommando zu führen. Also beeilte ich mich und erreichte zusammen mit ihr die Weide.

„Puh, ist der lahm!" meinte Carola, als Ronny nach mehrmaligem Rufen langsam auf uns zu kam. Ab und zu blieb er stehen und sah uns neugierig an.

„Warte mal ab, der wird schon munter. Da habe ich die wenigste Sorge, daß er kein Temperament hat." Ich lachte auf, als Carola mich skeptisch ansah.

Endlich hatte Ronny den Zaun erreicht und stupste mich erwartungsvoll mit dem Maul an. Doch sofort zuckte er wieder zurück. Als er sah, daß ich mit dem Halfter näher kam, wich er rückwärts aus. Er wußte genau, was das Lederzeug bedeutete.

Kein Zucker half, keine List gelang, das Pony ließ sich das Halfter nicht anlegen.

„So geht das nicht. Wir müssen ihn in den Stall treiben. Im Ständer kann er nicht ausweichen." Unbemerkt war Herr Renfordt zu uns getreten. Anscheinend hatte er uns schon einige Zeit beobachtet. Auch seine Frau kam vom Haus herüber.

„Mach das Tor auf. Carola, du stellst dich rechts hin, Christinchen, du bleibst links stehen. Auf diese Weise bringen wir ihn in den Stall", bestimmte Herr Renfordt. Ich reichte Carola das Halfter und zog die Zaunstangen zurück.

Einen Augenblick zögerte Ronny, bevor er durch das offene Tor auf den Hof schritt. Doch dann lief er sofort in den Stall.

„Ha, das kennt er aber noch", meinte Carola. Eilig schloß ich wieder die Stangen, bevor Lord Jörn auch noch rauslief. Rasch lief ich zum Stall.

Frau Renfordt versuchte gerade, Ronny das Halfter umzulegen. Doch immer wieder riß das Pony den Kopf hoch. Es versuchte mit aller Macht, seinen Dickschädel durchzusetzen. Doch damit war es bei

Frau Renfordt gerade an der richtigen Adresse. Sie schlug Ronny nicht, aber ebensowenig gab sie ihm auch nach. Endlich saß das Halfter, und Ronny war im Ständer festgemacht. Ungeduldig scharrte er mit dem Huf das Stroh hinter sich. Er spürte den Zwang, der hinter Kette und Halfter steckte, und er haßte ihn. Ronny wollte frei sein, sich den Wind durch die Mähne wehen lassen, sich strecken im Galopp und mit den anderen Pferden toben. Es mußte ihm sehr mißfallen in seinen Bewegungen eingeengt zu werden.

Plötzlich stand er stocksteif. Die Ohren waren gespitzt, er schien angestrengt zu lauschen. Dann tönte ein schrilles, verzweifeltes Wiehern durch den Stall, das von draußen freudig beantwortet wurde. Ronny hatte seinen Freund, den Traber, gehört und wollte zu ihm.

„Das kennt er noch nicht, alleine im Stall zu sein. Du kannst ihn ja gleich mal ein bißchen putzen, ihn ans Halfter nehmen und versuchen, die Hufe zu heben. Das ist jetzt eine böse Zeit. Zwei bis drei Jahre alte Pferde sind ziemlich quirlig. Sie können nicht stillstehen, und wenn sie parieren sollen, wissen sie nicht, wie sie sich drehen sollen. Vor jedem Klacks machen sie sich bange. Naja, sieh mal zu." Herr Renfordt verließ den Stall und ging zum Haus.

„Wir können dann frühstücken", meinte Frau Renfordt, und wir folgten ihr in die Küche. Klaus saß bereits am Tisch.

„O nein!" stöhnte er und schlug sich mit der Hand vor den Kopf, als er mich sah. „Das darf doch nicht wahr sein! Da kauft sie sich ein Pferd, obwohl sie doch hier umsonst reiten kann. Mensch, bist du doof!"

„Darf ich das Kompliment ungebraucht zurückgeben? Sei doch froh, daß ich jetzt den Ronny habe. Dann brauche ich wenigstens nicht mehr auf deinem Moritz zu reiten."

„Da hast du auch wieder recht", gab er zu.

Während des Frühstückens hörte ich Ronny im Stall wiehern. Ihm gefiel das Alleinsein nicht. Eilig schlang ich eine Schnitte hinunter und lief dann zu ihm.

Wieder wieherte Ronny.

„Hey, ist ja gut, Bursche!" rief ich ihm zu. Sofort verstummte er und äugte zur Stalltür hinaus. Erwartungsvoll blickte er mir entgegen.

„Na Junge, ist doch gut. Was machst du denn für ein Spektakel? Hat doch keinen Sinn. Je eher du dich dran gewöhnst, einmal alleine zu sein, um so besser."

Ich sprach mit tiefer, beruhigender Stimme auf ihn ein. Aufmerksam lauschte er meinen Worten. Seine Ohren waren gespitzt, und sein Auge ruhte abwartend auf mir. Doch als ich streicheln wollte, wich er ängstlich zurück. Ich holte Kardätsche und Striegel und hielt sie Ronny hin, damit er daran schnuppern konnte.

Zuerst schnaubte er angesichts dieser fremden Gegenstände ängstlich. Doch dann kam er zögernd näher und roch daran. Mit leisen, beruhigenden Worten sprach ich auf ihn ein, während ich mit der Bürste über sein schwarzes Fell strich. Unruhig tänzelte er hin und her. Als ich an die Hinterhand kam, trat er aus. Es war keine Bosheit, sondern Angst. Ich wußte, daß ich noch viel Geduld aufbringen mußte, bis er das sein würde, was man ein ordentlich erzogenes Pferd nennt.

Als ich ihm ein Stückchen Belohnungsfutter reichte, nahm er es vorsichtig von der flachen Hand. Gleich darauf stieß er mich erwartungsvoll mit dem Maul an.

„Ist ja gut, mein Junge. Hier nimm. Na, was hältst du davon, wenn wir jetzt ein Stückchen spazierengehen?"

Daß ich das nicht alleine schaffen würde, war mir klar. Ronny hatte zuviel Temperament, als daß ich ihn so ohne weiteres halten konnte. Ich holte mir Klaus und Carola. Carola sattelte Ano und ritt bereits im Schritt auf dem Hof rum, als Klaus und ich noch alle Hände voll zu tun hatten, Ronny aus dem Ständer zu holen. Ich hatte eine Führleine in das Halfter eingehakt.

Nervös tänzelte Ronny neben mir her. Auf alles schien er zu lauschen, alles schien er zu sehen. Ich hatte große Mühe, ihn im Schritt zu halten. Schneller wollte ich nicht gehen, weil ich ihn kaum halten würde, wenn er einmal im Trab wäre und auf die Idee käme durchzugehen. Mit Trensengebiß hätte es mir keine großen Schwierigkeiten bereitet, aber daran war Ronny noch nicht gewöhnt.

Als Ronny merkte, daß ich ihn zurückhielt, schnappte er drohend nach mir.

„Laß das, Bursche! Scheeritt hier!" sagte ich scharf und ruckte am Halfter. Nervös riß Ronny den Kopf hoch und schlug aus.

„Klaus, komm schnell! Übernimm! Ich hab' einen Krampf im Arm!" rief ich schnell aus, als ich den Schmerz verspürte. Das hatte auch noch kommen müssen.

Klaus übernahm das Pony, und ich stellte mich zu Frau Renfordt, die unsere Bemühungen verfolgt hatte. Erst jetzt kam ich dazu, den Schritt meines Pferdes richtig zu beobachten. Klaus trabte mit ihm, und Ronny hielt den Kopf stolz gebogen. Feurig schmiß er die Hufe, und temperamentvoll war der Schweif erhoben.

„Donnerwetter! Ist das wirklich ein Wallach?" entfuhr es mir.

Frau Renfordt lachte auf.

„Ja, auf dem mußt du sitzen wie auf einem Sofa."

Bis dahin war es aber noch ein weiter Weg. Ich ahnte ja nicht, was noch auf mich zukam, doch hätte ich es gewußt, ich wäre trotzdem den gleichen Weg gegangen.

Es begann eine schöne, aber auch anstrengende

Zeit für mich. Ronny mußte angelernt werden, und er machte es mir nicht besonders leicht. Oftmals ging sein Temperament mit ihm durch, und dann konnte ich ihn nur mit Mühe und Not halten. Doch er lernte auch schnell. Schon bald bekam ich zu spüren, daß dieses Pony über eine ziemlich große Intelligenz verfügte. Denn so, wie Ronny sich an Halfter und Leine gewöhnen mußte, mußte ich mich darauf einstellen, auf Hof Renfordt mit dem Satz begrüßt zu werden: „Weißt du schon, was dein Ronny diesmal wieder angestellt hat?"

Man konnte es nicht glauben, auf was für Einfälle er kam. Meistens schüttelte ich nur sprachlos den Kopf.

Eines Morgens kam Frau Renfordt mit einem wissenden Lächeln auf mich zu. Fast ängstlich blickte ich hinüber zu meinem Pony.

Ich ahnte schon, was Frau Renfordt wollte.

„Morgen! Weißt du schon, was Ronny letzte Woche gemacht hat?"

Wortlos schüttelte ich den Kopf und bereitete mich seelisch auf Schlimmes vor.

„Als ich in den Stall kam, stand Ronny da wie ein Pascha. Er hatte die Ohren gespitzt und mir den schönen Kopf zugedreht. Mit den Vorderhufen stand er in seinem Futtertrog..."

„Und da hab' ich ihn in den Hintern getreten!" sagte Herr Renfordt, der unbemerkt herzugekommen war.

„Sie haben — was?" Ungläubig sah ich ihn an.

„In den Hintern getreten", wiederholte er. „Das darf er doch nicht machen. Ich stell' mich ja auch nicht mit den Füßen in meinen Teller!" Dabei zwinkerte er belustigt mit den Augen.

So brachte mich Ronny mit seinen Streichen zur Verzweiflung. Einmal hatte er Klaus beim Tränken einen Eimer Wasser gegen die Hose gekippt oder mit den Lippen so lange an der Kette rumgespielt, bis sie sich löste. Natürlich hielt er es dann im Stall nicht mehr aus und rannte auf dem Hof herum.

Aber einer seiner Streiche setzte doch allen anderen die Krone auf.

„Letzte Woche hatten wir eine Überschwemmung im Stall", erzählte mir Frau Renfordt. Erstaunt sah ich sie an und folgte dann irritiert ihrem Blick, der an Ronny hängenblieb.

Mir wurde es flau im Magen. Sollte er etwa...? Mein Verdacht wurde sogleich bestätigt.

„Ronny hat sich mit seinem Hinterteil am Wasserhahn gerieben und ihn aufgedreht."

Entgeistert lehnte ich mich an den Türrahmen. „Aber es ist doch ein Abfluß im Stall!" wandte ich ein. Frau Renfordt nickte.

„Sicher. Aber glaubst du denn, dein Pony macht halbe Arbeit? Da kennst du ihn aber schlecht. Nein, auf den Abfluß hatte er vorher einen dicken Haufen Pferdeäppel gesetzt. Und am Morgen stand das Wasser knöcheltief!"

Ein anderes Mal war er von einer Weide auf die andere übergelaufen. Dann wieder drückte er Frau Renfordt beim Tränken sein nasses Maul in den Nacken und kaute so lange sein Wasser, bis es ihr am Rücken hinunterlief.

Ich mußte mich wohl oder übel damit abfinden, daß mein Pony ein richtiger Flegel war.

Er wußte genau, daß ich ihm nicht böse sein konnte.

„Hallo! Da bin ich! Bleibe bis Montag!" Mit diesen Worten stürmte ich in das Wohnzimmer und stellte grinsend meine Tasche ab.

„Morgen...!" Weiter kam Frau Renfordt nicht, sie mußte lachen. Ich wußte, warum: Meine Kappe saß windschief auf den Ohren, und das fand anscheinend jeder lustig.

„Nein, was siehst du schick aus! Deine Sachen kannst du ins Büro stellen", sagte Frau Renfordt, als ihr Heiterkeitsausbruch vorüber war. Ich schlug die Hacken zusammen, tippte grüßend an den Mützenschirm und lief lachend ins Büro. Doch ich wurde schlagartig wieder ernst, als ich aus dem Büro kam und die laute, befehlende Stimme des Bauern hörte.

Erstaunt sah ich, wie er auf der Weide versuchte, die einjährige Traberstute Lady Jörres zum Aufstehen zu bewegen.

Die kleine Stute lag im Gras und versuchte stöhnend, sich zu wälzen. Endlich gelang es Herrn Renfordt, sie hochzutreiben. Der Bauer warf mir einen kurzen Blick zu.

„Sie lag eben stöhnend im Stall. Es ist bestimmt Kolik. Hoffentlich keine Darmverschlingung. Bleib stehen!" fuhr er dann die kleine Stute an, die sich wieder legen wollte.

Langsam ging Herr Renfordt mit ihr über die Weide. Unwillig lief Lady Jörres mit. Immer wieder blieb sie stehen und wollte sich legen. Doch jedesmal trieb Herr Renfordt sie weiter.

Seine Frau trat zu uns.

„Ich rufe den Tierarzt", entschied der Bauer schließlich. Eilig lief er zum Haus hinüber, während Frau Renfordt die Stute führte. Ich sah das Fohlen mitleidig an und fing einen besorgten Blick der jungen Frau auf.

„Kommt das wieder in Ordnung?" fragte ich leise.

Sie zuckte ratlos mit den Schultern.

„Ich weiß es nicht."

Es dauerte geraume Zeit, bis der Bauer wieder zu uns kam.

„Der Tierarzt kommt gleich. Wir bringen sie in die Box von Jocund."

Ich ging in den Pferdestall. Renfordts hatten mit dem Fohlen zu tun. Also begann ich zu tränken und mistete danach die Ställe aus. Immer wieder warf ich bange Blicke zu dem Stall hinüber, wo sich der Jährling befand.

Endlich kam der Tierarzt. Eilig beendete ich meine Arbeit und lief dann hinüber.

„Da kann ich Ihnen nicht viel Hoffnung machen. Das sieht nach einer spastischen Kolik aus. Hoffentlich ist nicht noch eine Darmverschlingung dabei. Diesen Fall von Kolik hatte ich in letzter Zeit schon öfter. Sie kommt und geht, aber niemand weiß so recht, woran es liegt. Die meisten Tiere gehen ein. Es wäre ein Wunder, wenn sie durchkäme."

Erschrocken sah ich zu Frau Renfordt hin. Unsere Blicke begegneten sich, und ich las in ihnen stumme Verzweiflung.

Warum gerade Lady Jörres? Warum gerade sie? Hatte sie in ihrem kurzen Leben nicht schon genug mitgemacht?

Wie aus weiter Ferne hörte ich die Stimme des Tierarztes.

„Versuchen Sie, sie ruhig zu halten, daß sie sich nicht so viel wälzt. Vielleicht gelingt es uns noch, eine Darmverschlingung zu vermeiden. Rufen Sie in zwei Stunden noch einmal an, ob sie nach den Spritzen ruhiger geworden ist. Aber wie gesagt..." Er verabschiedete sich.

Das Fohlen stand mit hängendem Kopf in der Box und kaute auf einigen Strohhalmen.

„Die frißt nur aus Schmerz", sagte Frau Renfordt leise. Mit hängenden Schultern stand der Bauer an der Krippe. Schweigend beobachtete er das Fohlen. Stöhnend legte sich Lady Jörres in das saubere Stroh. Ihr Blick war dunkel vor Schmerz. Unruhig traten ihre Hufe. Als sie sich wälzen wollte, trat Herr Renfordt eilig hinzu und drückte sie wieder zurück.

„Wir müssen mit der Stute los, Peter", erinnerte Frau Renfordt ihren Mann.

Lady Jördis, die Mutter der kranken Stute, mußte zum Decken weggebracht werden.

„Ich weiß. Aber das Fohlen... Willst du hierbleiben und aufpassen, daß sie sich nicht wälzt, Christinchen?" Fragend sah der Bauer mich an. Ich nickte zustimmend.

Das Fohlen stand auf, und Herr Renfordt nutzte dies, um ihr eine Decke überzulegen und sie festzuschnallen.

Als die beiden jungen Leute mit der alten Stute losfuhren, lag Lady Jörres bereits wieder. Ich kniete neben ihr und hatte alle Mühe, das unruhige Pferd am Wälzen zu hindern.

Ab und zu stöhnte sie und knirschte vor Schmerzen mit den Zähnen. Mir standen Tränen in den Augen. Ihr Blick ruhte ängstlich auf mir, und der Kopf lag auf meinen Knien. Leise sprach ich auf sie ein.

„Du darfst nicht aufgeben, mein Stöppi. So viel Schmerzen hast du schon gehabt in deinem kurzen Leben. Sollst du das denn überstanden haben, um jetzt zu sterben? Denk doch an die weiten grünen Weiden, an deine Spielgefährten, die jetzt auf dich warten. Denk an die Sonne, die dein Fell wärmt, und daran, wie schön es ist, wenn dir der Wind durch die Mähne streicht. Du mußt leben, du weißt doch noch gar nicht, wie schön es ist. Wenn du erst wieder draußen sein kannst und dich im Galopp streckst, wirst du es merken. Versuch es doch wenigstens, gegen deine Krankheit anzukämpfen — du mußt es einfach schaffen. Ganz ruhig — ich bin ja bei dir."

Ich drückte sie erneut zurück und zog die ver-

rutschte Decke gerade. Mitleidig sah ich auf das Fohlen hinunter. Ein anderes Bild schob sich vor meine Augen: ein fein geschnittener Pferdekopf mit treuen Augen — Ronny!

Mein Gott, nur nicht daran denken, daß ebensogut er hier liegen könnte. Vor Kolik und Darmverschlingung ist kein Pferd geschützt.

Stöhnend stand das Fohlen auf und begann wieder im Stroh zu kauen. Dann ging es schwerfällig einige Schritte umher, knickte plötzlich ein und begann sich zu wälzen. Verzweifelt griff ich nach den Vorderbeinen, erhielt einen Tritt und wurde in eine Ecke geschleudert. Ärgerlich sah ich den Strohballen an, der hinter mir gelegen hatte und über den ich gefallen war.

Schnell sprang ich wieder zu dem Fohlen und drückte es zurück. Erleichtert atmete ich auf, als nach drei Stunden endlich Klaus und Carola aus der Schule heimkamen.

„Haltet ihr das Fohlen fest? Paßt auf, daß es sich nicht wälzt! Ich rufe den Tierarzt an."

Eilig lief ich ins Haus und telefonierte. Der Tierarzt war erstaunt, daß das Fohlen überhaupt noch lebte. Er wiederholte, was er am Morgen gesagt hatte: „Weiter aufpassen, daß es sich nicht wälzt. Ich komme später noch einmal vorbei."

Verzweifelt ließ ich den Hörer auf die Gabel gleiten. Sollte es denn wirklich nichts geben, womit man dem Fohlen helfen konnte?

Erwartungsvoll sahen mir die beiden Kinder entgegen. Ich zuckte ratlos mit den Schultern und gab weiter, was der Tierarzt gesagt hatte.

Bald darauf kamen auch Renfordts mit der Stute zurück. Sie schauten sofort nach der Kranken. Ich erstattete kurz Bericht.

„Ach, du hast schon angerufen? Das ist gut", sagte der Bauer.

„Kann man denn wirklich nichts machen? Herrgott, man kann doch nicht so einfach dabeistehen und zusehen, wie sich das Tierchen zu Tode quält. Irgendwas muß es doch geben!" Verzweifelt irrte mein Blick zwischen dem Fohlen und Herrn Renfordt hin und her. Der zuckte mit den Schultern und verließ stumm den Stall.

Als wir am Nachmittag mit den Pferden zum Ponyreiten weg mußten, blieb der Opa bei dem Fohlen. Ich glaube, diesmal war keiner von den Pferdeführern so recht bei der Sache. Sooft sich meine Blicke mit denen Frau Renfordts kreuzten, lag in unseren Augen die bange Frage: Wie mag es dem Fohlen gehen?

„Ich habe Angst, gleich in die Box zu sehen", gestand Frau Renfordt zwischendurch einmal. Dabei blickte sie in die Richtung, in der der Hof lag.

Es war sieben Uhr vorbei, als wir nach Hause kamen. Ich eilte gleich zum Stall. Ängstlich hielt ich die Luft an, dann öffnete ich die Tür. Das Fohlen stand und kaute Stroh.

Erleichtert streichelte ich den schönen Kopf der kleinen Traberstute.

„Mein kleines Stöppi. Du mußt leben", sagte ich leise.

Als ich die Box verließ, begegnete ich Frau Renfordt.

„Was ist?" wollte sie wissen.

„Sie steht und frißt."

Etwas später, als ich Klaus und Carola bei den Ponys half, trat Frau Renfordt auf mich zu. „Wo willst du schlafen? Im alten oder im neuen Haus?"

Ich überlegte kurz. Im neuen Haus war es angenehm warm, und ich war nicht allein. Im alten Haus herrschte eine eisige Kälte, und kein Mensch wohnte dort. Trotzdem entschied ich mich für den Altbau. Er lag direkt bei den Pferdeställen.

„Dann kann ich nachts mal nach dem Fohlen sehen", begründete ich meinen Entschluß.

„Das wäre gut. Wenn du das wirklich machen willst...", freute Frau Renfordt sich.

Nach dem Abendessen zog ich mit meinen Sachen in das alte Haus. Von Carola hatte ich mir einen Wecker ausgeliehen. Um zehn Uhr, bevor ich schlafen ging, sah ich noch einmal nach dem Fohlen. Es stand dösig in einer Ecke. Ein wenig beruhigt legte ich mich zum Schlafen nieder.

Um 12 Uhr wurde ich unsanft durch das Gerassel des Weckers aus dem Schlaf gerissen. Vor Kälte schlotternd zog ich mir eilig die Schuhe und den alten Parka über. Ich hatte mich der Einfachheit und der Kälte wegen erst gar nicht ausgezogen.

Eilig rannte ich mit der schwach brennenden Taschenlampe über den Hof.

Das Fohlen lag. Der Bauch war prall aufgebläht, und es stöhnte entsetzlich. Ich richtete die verrutschte Decke und wartete noch ein Weilchen. Doch als ich merkte, daß es ruhig lag, ging ich ins Haus zurück.

Diesmal dauerte es lange, bis ich endlich einschlafen konnte. Und als der Wecker um drei Uhr abermals rasselte, glaubte ich, gerade erst eingeschlafen zu sein.

Als ich diesmal zu dem Fohlen kam, hatte es sich dermaßen festgelegt, daß es ohne menschliche Hilfe nicht mehr frei kam.

Nach einigen erfolglosen Versuchen, den schweren Körper herumzuwälzen, zog ich einen Bauchgurt unter ihren Vorderbeinen hindurch, wartete ab, bis die kleine Stute mir ein wenig mithalf, und zog sie dann herum.

Es wurde vier Uhr, bis ich wieder ins Bett kam. Um halb sechs stand ich auf, sah nach dem Fohlen, das noch immer auf demselben Fleck zu liegen schien wie vor fast zwei Stunden, und fütterte dann die anderen Pferde.

Als ich mit dem Ausmisten fertig war, kamen Renfordts. Während sie nach dem Fohlen sahen, trat ich zu Ronny.

Ihn hatte ich die ganze Zeit über völlig vernachlässigt. Neugierig stupste er mich mit dem weichen Maul an. Ich sprach leise zu ihm und streichelte sein seidiges Fell. Doch meine Gedanken waren einige Meter entfernt bei dem kranken Fohlen. Wenn es doch nur durchkäme! Müde lehnte ich mich an Ronny. Die Sonne schien in den kleinen Stall und versprach einen schönen Tag.

„Siehst du, Ronny, so ist das. Wenn ich dich jetzt

schon reiten könnte, würde ich dich satteln und losreiten. Nur wir beide — einfach fort, um das Elend mit der kleinen Stute nicht mehr mitansehen zu müssen. Aber in Gedanken wäre ich wohl trotzdem immer bei ihr. Man kann eben nicht vor sich selbst fortlaufen." Leise seufzte ich auf.

Am Nachmittag gingen wir wieder zum Ponyreiten, und als wir am Abend zurückkamen, stand das Fohlen noch immer leise stöhnend in der Box. Es wurde einfach nicht besser.

Hoffnungslos schüttelte Frau Renfordt den Kopf.

„Das gibt nichts mehr", meinte sie.

Es wurde wieder zehn Uhr, bis ich ins Bett kam. Um 12 Uhr sah ich nach der kleinen Traberstute, die mich mit ängstlichen Augen ansah. Bekümmert kniete ich mich neben sie ins Stroh.

„Mensch, Stöppi, mach doch keinen Unsinn. Du mußt einfach leben! Das wünschen wir alle. Alle möchten, daß du wieder gesund wirst. Halte durch, kleines Mädchen! Du mußt es schaffen!"

Ich blieb noch eine Weile bei dem Fohlen sitzen. Doch als ich merkte, daß es völlig ruhig lag, ging ich wieder zu Bett. Ich war wohl gerade eingeschlafen, als das Geräusch einer zuschlagenden Autotür mich erschrocken auffahren ließ. Ich verwünschte den rücksichtslosen Menschen und sank in die Kissen zurück. Um drei Uhr schellte der Wecker abermals.

Das Fohlen lag noch immer ruhig. Erleichtert legte ich mich wieder hin.

Um vier Uhr riß mich das Bellen der Hunde aus dem Schlaf. Ich glitt aus dem Bett. Mein Herz klopfte bis zum Hals. Was mochte da los sein?

Die Hunde bellten, wenn sie einen Fremden sahen oder rochen. War ein Fremder in der Nähe?

Ich schnappte mir einen dicken Knüppel, schaltete das Licht an und trat in den Stall.

Reiko und Taiga kläfften noch immer um die Wette.

Jetzt sah ich auch, was sie so aufregte.

Erleichtert aufseufzend ließ ich den Knüppel sinken. Moritz, der graue Eselhengst, deckte gerade Susi, die schwarze Eselin.

„Ruhe jetzt!" brüllte ich los, als die Hunde nicht aufhörten zu bellen. Die darauffolgende Stille tat meinen strapazierten Nerven gut.

Gähnend verschwand ich wieder im Schlafzimmer. Nachdenklich lag ich im Bett, und als die ersten Sonnenstrahlen ins Zimmer fielen, zog ich mich an und ging in den Stall.

Die gemütliche Wärme bei den Pferden ließ mich die beißende Kälte außerhalb der Wände vergessen. Beruhigend auf Ronny einsprechend, ließ ich mich langsam auf seinen Rücken gleiten.

Im Stall ließ er das ohne Angst über sich ergehen. Bald würde ich ihn draußen zum erstenmal reiten. Wenn ich ehrlich war, mußte ich mir eingestehen, daß ich vor diesem Ritt Angst hatte. Nur zu gut kannte ich Ronnys Temperament.

„Mein Mützelken", sagte ich zärtlich und streichelte den schwarzen Hals. Mit Schaudern dachte ich an den nächsten Tag. Ich mußte wieder arbeiten. Am Nachmittag wollte eine Kollegin mich abholen.

Fast den ganzen Tag saß ich bei dem kranken Fohlen. Am schlimmsten war für mich die Hilflosigkeit. Man steht da, sieht, wie das Tier sich quält, und kann nicht helfen.

Als meine Kollegin kam und es Abschied nehmen hieß, standen mir Tränen in den Augen.

Noch einmal, ein letztes Mal, fuhr ich mit der Hand zärtlich durch die dichte Mähne der kleinen Traberstute.

Ich ahnte, daß ich „mein Stöppi", wie ich sie immer genannt natte, nicht lebend wiedersehen würde.

*

Am Donnerstag einem Feiertag, kam ich wieder auf den Hof. Mein erster Weg führte zu der Box des kranken Fohlens.

Sie war leer.

Kein Mensch brauchte mir zu sagen, was geschehen war.

„ Am Dienstagabend stand sie immer an der Tränke. Der ganze Boden war schon naß. Da ahnte ich, daß es zu Ende geht. Tiere zieht es dann mei-

stens zum Wasser. Tja, und am Morgen lag sie dann da", erzählte Frau Renfordt mir später, und ich merkte, wie schwer es ihr fiel. Gerade für dieses Pferd hatten sie so viel getan.

Traurig ging ich zu Ronny.

Heute wollte ich ihm zum ersten Mal einen Sattel

auflegen. Mißtrauisch wich er meiner Hand aus, als ich ihm über die Nüstern streicheln wollte. Mein Werben um sein Vertrauen hatte noch nicht viel genutzt. Es lag immer noch so viel Angst in seinem Blick, bei allem, was ich machte, egal, ob ich ihn führte oder striegelte. An den Hinterhufen ließ er sich überhaupt nicht packen. Sofort begann er zu treten. Ich wußte, daß ich noch viel Geduld aufbringen mußte.

In aller Ruhe ließ ich ihn an dem Sattel riechen. Er schnaubte ängstlich, tänzelte hin und her, als ich den Sattel auf seinen Rücken legte. Herr Renfordt half mir. Vorsichtig reichte er mir den Sattelgurt. Ronny trat mit den Hufen, als ich den Gurt festschnallte. Schließlich war der Sattel fest, und ich nahm Ronny an die Leine. Langsam ging ich die Straße entlang. Mit angespannten Muskeln lief Ronny neben mir her. Er wandte den Blick nicht von mir ab.

„Komm, mein Junge, terrab!" forderte ich den Wallach auf und lief los. Sofort wurde auch Ronny schneller. Auf einmal jedoch stieg er, sprang zur Seite und schlug aus. Aber ich ließ die Leine nicht los. Zitternd stand Ronny vor mir.

„Ola, Ronny. Was ist denn? Ola, nur ruhig." Leise sprach ich auf ihn ein.

In diesen Sekunden spielte sich zwischen Ronny und mir etwas ab, was man nicht mit Worten ausdrücken kann. Es war, als würde auf einmal ein unsichtbares, aber unzerreißbares Band zwischen dem herrlichen Rappschimmel und mir geknüpft.

Ganz langsam kam Ronny auf mich zu. Kurz vor mir blieb er stehen, sah mich mit einem Blick an, wie ich ihn noch nie bei ihm gesehen hatte, und legte den Kopf an meine Brust. Ein dunkles Wiehern klang in der klaren Mailuft.

„Ich hab' dich lieb, mein kleiner Junge", flüsterte ich leise, während ich seinen edlen Kopf streichelte.

Ein schöneres Zeichen seines Vertrauens hätte Ronny mir nie geben können.

Endlich hatte ich es geschafft! Ich hatte ihn zum Freund gewonnen.

Ruhig lief Ronny neben mir her zum Stall.

Carola und ich machten uns auf die Suche nach einem geeigneten Longierplatz. Es dauerte eine Weile, bis wir endlich eine fast ebene Grasfläche fanden.

„Samstag longiere ich Ronny", rief ich dem Mädchen noch zu, als ich wenig später mit meiner Mutter nach Hause fuhr.

Wieder war ein Tag vorüber.

Doch genauso schnell flog der Freitag vorbei, und ich war wieder bei meinem Pony.

Unruhig tänzelte Ronny neben mir her. Ich hatte die Longierleine durch die Trensenringe gezogen. Carola ging mit und nahm Ronny auf dem Platz am Kopf.

„Gut, führe ihn einige Male herum, damit er weiß, was Sache ist!"

Und wieder mal verblüffte mich Ronny mit seiner Intelligenz. Als Carola beiseite trat, lief er an der Longe, als hätte er bisher nichts anderes getan.

Jetzt störte ihn auch der Sattel nicht mehr.

Eines hatte er auch sehr schnell kapiert: Legte ich die lange Peitsche hin, kam er sofort rein und stellte sich abwartend vor mir auf. Nachdem er ein Stückchen Belohnungsfutter erhalten hatte, trollte er sich wieder zufrieden.

Nach einer halben Stunde gingen wir zurück zum Stall. Herr Renfordt wartete bereits auf uns.

„Na, Christinchen? Wie ist es? Willst du ihn heute einreiten?"

Erschrocken sah ich Ronny an.

„Heute schon? Sicher, er ist ruhig gegangen. Ja, vielleicht ist es sogar das beste. Ich hole mir meine Kappe", überlegte ich laut. Herr Renfordt hielt Ronny fest, während ich den „Sturzhelm" holte. Inzwischen war Frau Renfordt dazugetreten. Ich stellte mich neben Ronny.

„Oder soll Carola erst draufgehen?" wollte Herr Renfordt besorgt wissen. Doch entschieden schüttelte ich den Kopf.

„Nein, das mache ich selber!"

Frau Renfordt lachte auf. „Das läßt sie sich nicht nehmen, Peter. Also dann..."

Ronny tänzelte unruhig. Er spürte, daß eine gewisse Spannung in der Luft lag. Nervös zuckten seine Ohren. Beruhigend sprach ich auf ihn ein.

Carola hatte sich ein Stückchen entfernt. Herr Renfordt hielt die Zügel kurz und nickte mir aufmunternd zu. Langsam steckte ich den Fuß in den Steigbügel. In dem Moment, als Ronny das Gewicht an seiner Seite spürte, sprang er wie verrückt los. Herr und Frau Renfordt hatten ihn beide an den Zügeln gepackt. Eilig sah ich zu, daß ich in den Sattel kam. Nervös trat Ronny hin und her. Seine Mus-

keln waren angespannt. Beruhigend sprach ich auf ihn ein und klopfte den edlen Hals.

Herr Renfordt führte ihn die Straße rauf. Immer wieder versuchte Ronny auszubrechen. Doch der Bauer hatte ihn fest im Griff.

Die Angst war vergessen. Was jetzt noch zählte, war, daß ich auf meinem geliebten Pony ritt. Wie sehr hatte ich diesen Tag herbeigesehnt! Endlich eins sein mit dem Pony, dem mein Herz seit fast zwei Jahren gehörte!

Ronny — wie lieb hatte ich ihn doch!

Überglücklich ließ ich mich auf dem Hof aus dem Sattel gleiten. Ich brauchte nichts zu sagen — mein Blick sprach Bände.

Eines wußte ich aber ganz genau: Dieses Pony würde ich niemals verkaufen. Denn so einen Freund würde ich nie wiederfinden!

*

Von Woche zu Woche wurde Ronny ruhiger. Nach ungefähr einem Monat stand er beim Aufsitzen wie aus Stein gehauen und gehorchte auf den leisesten Schenkeldruck. Das Sattelzeug hatte ich mir von Renfordts ausgeborgt. Der Ponyzüchter wollte in meinem Urlaub mit mir nach Hamm zum Pferdemarkt fahren.

Ich hatte schon genaue Vorstellungen von meinem Sattelzeug: Eine hübsche, wenn möglich mit

Silber beschlagene Trense aus schwarzem Leder sollte es sein und — da ich nicht vorhatte, auf Turnieren zu starten — ein schwarzer Texassattel.

Ich hatte damit angefangen, Ronny zu bandagieren, und mittlerweile faßte er das als lustiges Spiel auf. Hockte ich neben ihm auf dem Boden, stupste er mich sanft mit dem Maul an oder biß verspielt in meinen Kittel. Schließlich fiel ihm noch eine elegantere Tour ein. Bandagierte ich gerade sein linkes Vorderbein, so trat er mit dem rechten vorsichtig gegen meinen Arm.

Oftmals landete ich bei diesen Spielchen im Mist, denn nicht selten kam es vor, daß Ronny seine Kraft unterschätzte.

Und dann kam eines Tages der Samstag, an dem er mir die Hinterhufe reichte. Um so mehr gab ich mich jetzt mit seinen Beinen ab. Um ihn auf den Hufschmied vorzubereiten, zog ich immer wieder die Vorderbeine in der Gelenkbeuge nach vorne. Gab er mir den Fuß auf diese Weise, bekam er jedesmal ein Stückchen Belohnungsfutter zugesteckt.

Einmal, er hatte mir gerade den Fuß auf diese Art gegeben, mußte ich mich vor ihm zu meinem Kittel rüberbeugen, den ich ausgezogen und über die Stange der nächsten Ständerbegrenzung gelegt hatte. In der Tasche des Kittels steckte nämlich mein Belohnungsfutter.

Gerade als ich mich bückte und in die Tasche griff, fiel es Ronny ein, daß er eigentlich noch einmal den Fuß geben könnte. Gekonnt landete sein Huf in meinen vier Buchstaben, während ich laut aufquietschend ziemlich verblüfft über der Stange hing.

Seit diesem Tage bekam ich jedesmal, wenn ich Ronny auf der Weide oder im Stall besuchte, feierlich die Hand gereicht. Es war zu merken, daß er an mir hing.

Seine Spielchen trieb er eigentlich nur mit mir. Kamen wir zu viert oder fünft auf die Weide, stellte er es immer so geschickt an, daß er mich von den anderen abtrennte. Dann stand er vor mir, die Ohren flach angelegt, und machte ganz auf „wildes, böses Pferd". Dabei bin ich mir sicher, daß er nie gewagt hätte, mir etwas zu tun.

Gerne kam er im vollen Galopp an, stemmte dann alle viere in den Boden und rutschte die letzten paar Zentimeter auf mich zu. Doch nie rempelte er mich dabei an.

Die letzten Tage bis zu meinem Urlaub vergingen schrecklich langsam. Aber endlich war es soweit.

Vier Wochen Bauernhof!

Vier Wochen bei Ronny!

Vier Wochen frei wie der Vogel in der Luft!

Ich hätte jubeln mögen vor Freude.

Und nun verging die Zeit leider rasend schnell. Das Wetter spielte leider nicht mit. Es war kühl und regnerisch. Der Reitweg war völlig aufgeweicht, und darum wurde nicht viel aus den Reit-Plänen.

Ich kaufte mir in Hamm auf dem Pferdemarkt einen schwarzen Texassattel mit einer gelben Schabracke und eine reich verzierte Trense.

Als Ronny es zum ersten Mal trug, blieb mir der Atem weg. Und er schien sich seiner Schönheit voll bewußt zu sein. Stolz hielt er den Kopf.

„Halte ihn mal", bat ich Carola, trat einige Meter beiseite und sah Ronny bewundernd an.

„Ronny!" rief ich leise, und sofort flogen die Ohren des stolzen Rappschimmels nach vorne, während sein dunkler Blick sich erwartungsvoll auf mich richtete.

„Ronny, komm!" rief ich noch einmal.

Carola ließ die Zügel los und trat beiseite. Gespannt beobachtete ich das Pony. Doch Ronny nutzte seine Freiheit nicht. Zielstrebig kam er zu mir und blieb vor mir stehen. Stolz reichte er mir die Hand, und feierlich ergriff ich sie.

Doch einmal ist auch der schönste Urlaub zu Ende. Schweren Herzens verabschiedete ich mich von Ronny. Auch wenn es nur für eine Woche war, hätte ich doch am liebsten geheult, als ich ihn im Vorbeifahren mit aufmerksam gespitzten Ohren am Koppelzaun stehen und mir nachblicken sah.

Langsam wurde es für mich wieder Zeit, an die Zukunft zu denken. Vor einem Jahr hatte ich mich zwischen Pferd und Führerschein entscheiden müssen. Eines konnte ich damals nur. Und ich hatte meine Wahl nicht bereut.

Jetzt kam der Führerschein dran.
Nächste Woche würde ich mich in der Fahrschule anmelden. Ganz wohl war mir dabei nicht.

*

Zögernd betrat ich die Fahrschule. Auch wenn ich den Tag herbeigesehnt hatte, an dem ich endlich den Führerschein machen konnte, hatte ich doch Angst. Was würde die nächste Zeit für mich wohl bringen?
Dann dachte ich wieder an Ronny und daran, daß ich, sobald ich selbst fahren durfte, öfter zu ihm konnte. Also nahm ich all meinen Mut zusammen und trat an den kleinen Schreibtisch, hinter dem Frau Mattke eifrig einige Anträge durchsah.
Wenige Minuten später waren die Formalitäten erledigt, und ich setzte mich zu den anderen Schülern, die bereits mehr oder weniger interessiert den Worten des Fahrlehrers lauschten.
Nach einer halben Stunde hatte ich bereits mit Müdigkeit zu kämpfen, und als der theoretische Unterricht beendet war, atmete ich erleichtert auf.
„Wenn Sie fahren wollen, dann sagen Sie mir Bescheid", forderte mich Herr Mattke auf. Entgeistert sah ich ihn an.
„Fahren? Ich habe doch keinen blassen Schimmer, wozu all die Zeichen überhaupt da sind", wehrte ich entsetzt ab.

„Das kommt auch noch. Dafür sind Sie ja zu mir gekommen. Das lernt sich alles mit der Zeit — und auch das Fahren."

„Puh, ich weiß nicht. Ein PS ist mir sympthischer", gestand ich.

„Ein PS? Reiten Sie?" Erstaunt sah der Fahrlehrer mich an. Was war daran denn so ungewöhnlich?

„Ja, ich habe ein eigenes Pony", erklärte ich stolz.

„Oh, haben Sie es hier im Verein stehen?"

Ich schüttelte den Kopf. „In Wiblingwerde. Auf einem Bauernhof. Na ja, woll'n mal sehen. Ich überlege es mir mal mit dem Fahren."

In der darauffolgenden Nacht träumte ich nur noch von Verkehrszeichen, und als ich am Morgen geweckt wurde, war ich ganz froh darüber, denn eben erst hatte ich den Fahrschulwagen gegen eine Mauer gefahren.

Trotzdem meldete ich mich beim nächsten theoretischen Unterricht zum Fahren an.

Als der grüne Ascona Automatik mit dem schwarzen Verdeck und den nicht übersehbaren Fahrschulschildern auf den Parkplatz fuhr, hatte ich Mühe, meine Beine unter Kontrolle zu bekommen, die ins Zittern geraten waren.

Dummkopf! schalt ich mich insgeheim.

„Hallo! Wie geht's?" Mit diesen Worten reichte Herr Mattke mir die Hand. Ich grinste ziemlich verunglückt. „Blendend!"

Auf ging es!

Wenn man davon absah, daß ich einmal fast im Misthaufen gelandet, außerdem lieber links als rechts gefahren wäre, einige Bürgersteigkanten rammte und auf Verkehrszeichen überhaupt nicht achtete, war die erste Fahrstunde ein voller Erfolg.

Am liebsten wäre ich für alle Zeiten ausgestiegen. Dem schob der Fahrlehrer einen Riegel vor, indem er mich gleich wieder für eine neue Stunde einschrieb.

Frau Mattke brachte mich zurück zur Arbeit.

„Na, wie war die erste Stunde?" fragte sie lächelnd.

Ich verzog entsetzt das Gesicht.

„Eine Katastrophe!"

„Ach, machen Sie sich nichts draus. Jeder fängt mal an."

„Sicher, aber ob sich auch jeder so duselig anstellt wie ich?"

Frau Mattke lachte.

„Meinetwegen könnte es jetzt schon Samstag sein", gestand ich.

„Warum? Weil Sie dann nicht zur Arbeit brauchen?" forschte Frau Mattke.

„Dann könnte ich endlich wieder zu meinem Pony."

„Ach so. Ja, mein Mann hat mir schon erzählt, daß Sie ein Pferd besitzen. Meine neunjährige Tochter möchte auch gerne reiten. Aber im Verein — ich weiß nicht, ob das so das Wahre ist."

„Nun, reiten lernen auf jeden Fall. Man kann sich nicht so einfach auf ein Pferd setzen und meinen, wie Hans-Günter Winkler und Gerd Wildfang reiten zu können. Schon die Haltung, der Sitz, wird ohne Anleitung nie korrekt sein. Reiter ohne Ausbildung tun den Tieren weh, indem sie sie falsch anspornen oder sie reißen."

Inzwischen waren wir bei meiner Arbeitsstelle angekommen.

„Bis heute abend, zur Theorie dann?" verabschiedete Frau Mattke sich. Ich winkte kurz und verschwand dann in dem alten Gebäude.

Das Gespräch mit Frau Mattke ging mir die nächsten Tage nicht aus dem Kopf. Ich wußte, wie schwer es war, in Vereinen anzukommen. Das hatte ich mehr als einmal erlebt.

Und Ronny?

Er war ruhig geworden und ging brav an der Longe. Ob ich versuchen sollte, der Kleinen das Reiten beizubringen? Reitunterricht hatte ich früher schon mal gegeben und wußte, worauf es dabei ankam.

Doch würde Ronny mitspielen?

Außerdem wäre es eine Preisgabe meines Vorsatzes, niemanden auf meinem Pferd reiten zu lassen.

Und war Ronny nicht zu jung, um von einem Anfänger geritten zu werden? Bestand nicht die Gefahr, daß er dadurch verdorben würde?

Aber zwei, drei Longenstunden müßte er eigentlich verkraften können.

Immer wieder stimmte ich Für und Wider ab. Und nach einer Woche stand mein Entschluß fest. Ich rief Frau Mattke an.

„Hallo! Was gibt es Schönes?" Ich hörte das Erstaunen aus ihrer Stimme.

„Sie haben mir doch erzählt, daß Ihre Tochter gerne reiten möchte. Nun, ich habe ein Pony, das zwar jung, aber sehr lieb ist." In Gedanken zählte ich Ronnys Streiche auf und mußte grinsen.

„Er geht brav an der Longe, und ich habe auch schon Reitunterricht gegeben. Vielleicht hat Ihre Tochter Michaela Lust, auf Ronny das Reiten zu lernen."

Abwartend lauschte ich in die Leitung.

„Aber ja, gerne! Da brauch' ich sie gar nicht erst zu fragen!" hörte ich Frau Mattke begeistert ausrufen.

Wir verabredeten uns für den nächsten Samstag. Nachdenklich ließ ich den Hörer auf die Gabel gleiten. Hoffentlich ließ Ronny mich nicht im Stich!

*

„Na, nun komm schon, Ronny!"

Es war Samstag und noch früh am Morgen. Ich hatte Ronny schon gesattelt und getrenst. In der einen Hand hielt ich die Longe, die ich in die Trense eingehakt hatte, und in der anderen die lange Longierpeitsche.

Ronny mußte an diesem schönen Morgen mein Benehmen höchst sonderbar finden. Immer wieder blieb er stehen und sah mich abwartend an. Er schien es nicht zu begreifen, daß ich neben ihm herlief, obwohl er doch einen Sattel auf dem Rücken hatte.

„Nein, Bursche. Wir reiten gleich erst aus. Komm mit zum Longierplatz. Das kennst du doch noch." Durch den Ton meiner Stimme versuchte ich ihn davon zu überzeugen, daß alles seine Richtigkeit hatte. Zögernd lief er neben mir her. Als wir von der Straße in den kleinen Waldweg abbogen, blieb er abermals stehen und sah mich mit einem Blick an, der mich an meinem Verstand zweifeln ließ. Dann wandte er langsam den Kopf ab und sah die Straße entlang. Schließlich machte er einen Schritt auf mich zu, stupste mich mit dem Maul an und machte dann zwei zögernde Schritte in Richtung Straße, an der etwas weiter oben der Reitweg begann. Ich wußte, was er mir sagen wollte:

„He, hier sind wir falsch. Kennst du denn den Weg nicht mehr? Komm doch mit!"

Ich lachte leise und klopfte dem schlauen Burschen den Hals.

„Nein, Ronny. Wir sind schon völlig richtig. Hier geht es zum Longierplatz. Nachher kommt ein kleines Mädchen, das gerne auf dir reiten will. Darum möchte ich dir vorher noch mal zeigen, was du machen mußt. Na, komm!"

Etwas widerwillig trottete Ronny neben mir her. Nach seinem Gefühl war es der falsche Weg.

Das Gras war naß vom Tau. Ich hörte den gleichmäßigen dumpfen Schritt meines Ponys, ab und zu ein freudiges Schnauben, wenn er auf Kommando in Trab fiel, und genoß die Freiheit. Wenn ich doch nur öfter hier sein könnte! Nicht nur samstags. Mit einem Auto wäre es leicht, aber dazu brauchte ich den Führerschein.

Mit Schrecken dachte ich an meine zweite Fahrstunde.

Schon beim Abfahren vom Parkplatz, an einer Stelle, wo ich warten mußte, hatte ich Bremse und Gas verwechselt. Als ich dann endlich fahren konnte, hätte ich auf dem Gehweg, den ich zuerst überqueren mußte beinahe eine Oma überfahren. Nur dem schnellen Eingreifen des Fahrlehrers verdankte ich es, daß nichts passiert war. Als er an einer Kreuzung auf die Bremse trat und wissen wollte, wer Vorfahrt habe, meinte ich, da mir nichts Besseres einfiel: „Im Zweifelsfalle immer ich!"

Er war anderer Ansicht und machte mir sehr entschieden klar, warum nicht.

Das helle Wiehern meines Ponys riß mich aus meinen trüben Gedanken. Es stand an der höchsten Stelle des Longierplatzes, hatte die Ohren gespitzt, den Kopf stolz erhoben und sah aufmerksam hinunter ins Tal.

„Na, was ist, Bursche? Komm, noch einmal terrab, dann gehen wir nach Haus. Na los, terrab hier, marsch!"

Nur widerwillig setzte Ronny sich in Trab. Nach einigen Runden rief ich ihn herein und wickelte die Longe auf.

„Braver kleiner Junge. Na, wer war nun auf dem richtigen Weg?"

Nur zu gerne lief er diesmal mit mir. Den Weg zum Hof hätte er im Finstern gefunden.

Nicht gerade sanft rieb er seinen Kopf an mir. Lachend nahm ich ihm die Trense ab und legte ihm wieder sein Stallhalfter um.

„So, dann blamier mich gleich nicht, mein Junge, hörst du? Sei brav, auch wenn es dir schwerfällt. Ich kenne dich doch. Nur zu gerne machst du Unsinn!"

Seine rauhe Zunge leckte über meine Hand, in der sich eben noch ein Stückchen Belohnungsfutter befunden hatte.

Noch einmal traten Striegel und Kamm in Aktion. Wenigstens Ronny sollte glänzen und sauber sein, wenn sein Frauchen schon dreckig herumlief.

Grinsend betrachtete ich meine einstmals blauen Jeans und den grauen Kittel. Wahrhaftig, einen Schönheitswettbewerb konnte ich damit nicht gewinnen. An den Stiefeln klebten Gras, Schlamm und Pferdemist, während Ronnys Hufe schön sauber waren und vom Huffett glänzten.

„Was soll's, mein Junge. Schließlich will sie ja auf dir reiten und nicht auf mir. Ich bin nur dein Pferdebursche, und als solcher kann ich es mir schließlich erlauben, schmutzig zu sein, basta!"

Trotzdem hielt ich die Stiefel unter die Wasserleitung, bis sie wieder glänzendschwarz „strahlten". Als ich so weit fertig war, bog gerade der Wagen des Fahrlehrers auf den kleinen Parkplatz ein.

„Na denn, Ronny, wollen wir mal sehen, was das gibt. Bitte blamier mich nicht!" Ich klinkte die Führleine in das Stallhalfter ein und führte Ronny aus dem Stall zu dem kleinen Parkplatz. Frau Mattke und die beiden Kinder Jens und Michaela kamen uns schon entgegen.

„Hallo! Morgen! Ist das Ronny? Ist der schön!" rief Frau Mattke bewundernd aus, während sie einen ziemlichen Sicherheitsabstand zu Ronny einhielt. Doch sie hatte nicht mit Ronnys Neugierde gerechnet, der überhaupt nichts vom Abstand hielt. Lachend zog ich ihn zurück, als er unbedingt nähere Freundschaft mit der jungen Frau schließen wollte.

„Ich denke, Sie haben ein Pony! Der ist aber doch groß!" meinte Frau Mattke erstaunt. Ich schüttelte den Kopf.

„Nein, das ist ein Pony. Er hat 1,40 m Stockmaß. Ab 1,50 m Stockmaß geht erst das Großpferd los. Ronny ist ein Doppelpony oder Kleinpferd", erklärte ich und fügte in Gedanken hinzu: Auf jeden Fall ist er mein bester Freund.

„Geht denn das, daß Michaela auf ihm reitet?"

Ich nickte zustimmend. „Ja, ich leihe mir von Renfordts einen Sattel aus. Ich habe zwar selbst einen, aber der ist nichts für Reitstunden. Darauf kann man den Sitz halten, wenn man reiten kann, aber nicht vorher."

„Wieso? Ist denn nicht jeder Sattel gleich?" wollte Frau Mattke interessiert wissen.

Ich schüttelte den Kopf. „Nein, die Sättel, die Herr Renfordt hier hat, das sind normale Vielseitigkeitssättel. Die sind zum Reiten gut. Ich habe einen Texassattel oder Cowboysattel. Das ist eine ganz andere Verarbeitung, aber man sitzt darin wie in einem Sofa. Durch das Sattelhorn fühlt man sich sicherer. Aber zum Lernen ist der zu bequem."

Bei diesen Worten hatte ich Ronny im Stall angebunden und war in die Stallgasse getreten. Obwohl ich mit Frau Mattke sprach, ließ ich die beiden Kinder nicht aus den Augen. Es war weniger Mißtrauen gegen sie als gegen Ronny. Er hatte seinen „Gleichstell'-ich-was-an"-Blick aufgesetzt. Irgendwas würde in den nächsten Sekunden passieren..

Und wirklich! Noch etwas schüchtern klopfte Michaela Ronny die Brust. Da hob er die rechte Vorderhand und reichte sie ihr zur Begrüßung. Diese Reaktion meines Pferdes löste bei den Kindern wahre Begeisterung aus.

„O Mami, sieh mal, der gibt die Hand! Ist der aber lieb! Tag, Ronny! Gib mir auch mal die Hand!"

Ich lachte und zeigte Ronny einen Vogel, als er sich einmal zu mir umsah.

„Jetzt hast du was gemacht, du Pfeife!" rief ich ihm zu. Unermüdlich reichte Ronny mal diesem und mal jenem die Hand. Das verdankten sie den Zuckerstückchen, die sie ihm jedesmal zusteckten.

Als wir schließlich den Stall verließen, blickte er traurig hinter uns her, während seine lange Zunge eifrig ums Maul leckte.

Ich zeigte meinen Gästen die anderen Ponys und erklärte Verschiedenes. Bald darauf fuhren Frau Mattke und Jens ab. Ich ging mit Ronny und Michaela zum Longierplatz.

„Na, los denn! Schwing dich mal drauf!" Man stellt sich..."

Ich erklärte Michaela, wie man aufsteigt, und korrigierte den Sitz immer und immer wieder, bis es doch für die erste Stunde recht gut klappte.

Ronny lief mit gespitzten Ohren. Die Sache schien ihm Spaß zu machen. Doch gleichzeitig war ich auch über seine Klugheit erstaunt. Sobald Michaela unsicher wurde, zu weit nach vorne fiel oder ins Rutschen geriet, verlangsamte Ronny sofort den Schritt oder blieb ganz stehen. Wenn wieder alles in Ordnung war mit seinem Reiter, lief er weiter.

So gut hatte ich mir die ganze Sache nicht vorgestellt. Viel zu schnell verging die Longenstunde.

Als wenig später Michaelas Eltern kamen, saßen wir am Misthaufen. Ich hielt Ronny an der Leine. Neugierig stellte er die Ohren nach vorne, als er Herrn Mattke auf sich zukommen sah.

„Benimm dich, Bursche!" warnte ich leise. Ich ahnte wieder Fürchterliches.

„Das ist also der Ronny", sagte Herr Mattke. Ich stand auf und stellte mich neben mein Pferd. Ronny, nicht faul, ging auf meinen Fahrlehrer zu und — ich schloß entsetzt die Augen — reichte ihm die Hand.

So ein verrückter Kerl! dachte ich, während Herr Mattke erfreut und belustigt lachte.

„Jetzt ist es aber genug, Bursche! Ich bringe dich zur Weide, da kannst du deinen Übermut abreagieren."

„Warum Übermut? Das ist doch nur Höflichkeit", meinte Herr Mattke.

„Höflichkeit? Das ist reine Freßsucht! Jedesmal, wenn er die Hand gibt, meint er, daß er sich ein Stückchen Belohnungsfutter verdient hat. Das ist alles", erklärte ich.

Die ganze Familie Mattke kam mit zur Weide.

„Na, lauf schon los!" ermunterte ich Ronny und gab ihm einen leichten Klaps auf sein Hinterteil, als er noch bei uns stehenblieb. Die Nüstern am Boden, ging er einige Schritte, knickte plötzlich ein und wälzte sich nach Herzenslust. Ich verzog resignierend das Gesicht. Warum wohl hatte ich mir solche Mühe mit dem Putzen gegeben?

Moritz kam auf uns zu.

„Mensch", meinte Herr Mattke, „auf so einem Pferdchen möchte ich auch mal reiten."

Ich grinste. „Warum nicht? Sagen Sie mir wann, und ich bestell' die Ponys, die Sie haben wollen. Doch eines sag' ich schon vorher: Kupplung, Winker und Rückspiegel sind nicht vorhanden."

Meine Antwort löste allgemeine Heiterkeit aus.

„Aber Gas und Bremse sind doch wohl dran?" erkundigte Herr Mattke sich.

„Selbstverständlich. Man muß nur wissen, wo und wie."

Lachend sah ich zu Ronny, der begeistert das saftige Gras abrupfte.

„Gut, machen wir nächste Woche einen Termin aus", sagte Herr Mattke.

Ungläubig sah ich ihn an. Fahrlehrer auf 1 PS — na, das konnte ja heiter werden!

*

Eine Woche später sollte ich gerade diese Reitstunde als die lustigste und anstrengendste einstufen, die ich in meiner bisherigen Reiterlaufbahn je erlebt hatte.

Am Nachmittag standen Moritz, Ano, Nani und Anja um 5 Uhr bereit. Vormittags hatte ich Michaela noch einmal an die Longe genommen, da auch sie am Nachmittag mitreiten wollte. Das Schauspiel, ihren Vater reiten zu sehen, wollte sie sich nicht entgehen lassen.

Pünktlich trafen Herr Mattke, seine Frau, Jens und noch ein Verwandter von ihnen ein.

„Ich sehe mir den Spaß lieber von unten an", erklärte Frau Mattke mir lachend. „Aber geben Sie meinem Mann ja ein wildes Pferd, damit er runterfliegt!"

Lachend trat ich zu Moritz und trenste ihn auf. Herr Mattke flitzte von einem Pferd zum anderen und brachte einige Fotos unter Dach und Fach. Ich grinste freundlich in die Kamera und wollte so ganz nebebei wissen: „Glauben Sie, daß Sie hinterher noch in der Lage sind, die Bilder anzusehen?"

Einen Augenblick verschlug es ihm die Sprache.
„Das hoffe ich doch."
Nun ja, als Fahrlehrer mußte er schon besonders gute Nerven haben.

„So, alle Mann aufsitzen! Herr Mattke auf Moritz, Jens auf Anja, Michaela auf Ano und Sie" — ich sah den Verwandten von Mattkes an — „gehen auf Nani."

Carola half noch mit, und endlich hatten wir alle glücklich im Sattel. Eilig holte ich Ronny aus dem Stall. Ich sprach noch mit Carola, als ich schon den ersten Hilferuf vernahm. Nani marschierte mit ihrem Reiter schnurgerade auf die Stalltür zu.

„Linken Zügel annehmen! Linken Schenkel ran!" Doch mein Zuruf kam zwei Sekunden zu spät. Nani hatte den Stall erreicht und verschwand gerade darin. Ihr unglückliches Reiterlein allerdings hatte im letzten Augenblick nach oben gelangt und sich im Türrahmen festgeklammert, während das Pferd in den Stall maschierte. Nach den ersten Schrecksekunden erfüllte schallendes Lachen den kleinen Hof.

Wer den Schaden hat, braucht für den Spott nicht zu sorgen. Der junge Mann sprang zu Boden, und ich übergab Carola den Ronny.

„Ich hole Nani heraus."
Eine Minute später saß der wackere Reiter gerade wieder im Sattel, als der zweite Hilferuf ertönte. Anja wollte Nani den Ruhm nicht alleine überlassen und marschierte nun ihrerseits mit Jens in den Stall. Schadenfrohes Lachen begleitete auch diesen Reiter. Ich holte die Anja aus dem Stall, schwang mich auf Ronnys Rücken und stutzte. Da fehlten

doch zwei! Und Moritz stand ohne Reiter angebunden vor dem Haus.

Endlich hatte ich Nani und Ano vor dem Heuboden entdeckt.

Herr Mattke holte sie bereits wieder auf die Straße. Und bevor noch einer auf die Idee kam, eigene Wege zu gehen, ritt ich mit Ronny in fleißigem Trab die Straße hinauf.

Bis zur Einmündung zum Reitweg ging alles gut. Doch dann trottete Moritz mit Herrn Mattke in den Wald, stellte sich hin und war nicht mehr vorwärtszukriegen. Ano hielt sich dicht hinter mir, während Nani und Anja einige Meter zurücklagen.

„Komm, Ronny! Zu Moritz!" Eilig trieb ich meinen Schimmel vom Weg ab. Gerade als ich Moritz am Zügel packte, zwangen mich zwei verzweifelt klingende Stimmen zum Umsehen.

„Hilfe! Hilfe!"

Nani und Anja liefen zurück zum Hof! Ich ließ den Moritz samt Reiter stehen, wo sie standen, und galoppierte hinter den zwei Ausreißern her.

„Linken Zügel! Linken Schenkel! Schnell! Treibt sie rum, sonst seid ihr gleich auf dem Hof!"

Endlich hatte ich sie wieder alle in einer Reihe. Ano war die ganze Zeit hinter mir gewesen, und als Moritz uns noch entgegenkam, waren wir auch vollzählig.

Der zweite Anlauf klappte besser, und als wir nach einer Dreiviertelstunde wieder auf dem Hof ankamen, war ich heiser vom Lachen und Kommandogeben. So was hatte ich noch nicht erlebt. Aber obwohl wir auch galoppiert waren, war keiner runtergefallen.

*

Freudestrahlend kam Frau Mattke am Montagabend auf mich zu.

„Wissen Sie was? Nächstes Mal reite auch ich mit. Meinem Mann hat es viel Spaß gemacht, auch später im Wald. Nur unser Verwandter, der in der Stalltür gehangen hat, will nicht mehr aufs Pferd. Dem hat die Stunde gereicht."

Lachend reichte sie mir einen Bogen mit verschiedenen Verkehrsfragen.

Die Woche verging rasendschnell, und ehe ich mich versah, war ich schon wieder bei Ronny. Das Wetter war schlecht. Immer wieder regnete es. Ich sah unseren Ritt schon im wahrsten Sinne des Wortes ins Wasser fallen.

Am Nachmittag kamen Mattkes. Wie beim letzten Mal standen die Pferde bereit.

Frau Mattke sah immer wieder ängstlich zum Himmel hoch.

„Hoffentlich regnet es nicht, wenn wir reiten. Ich war heute morgen erst beim Frisör!"

Und dann meinte sie wieder: „Hoffentlich regnet es, dann brauche ich nicht zu reiten!"

Vergnügt drückte ich ihr meine Reitkappe auf den Kopf, stellte fest, daß sie sehr schick aussah, und schwang mich auf Ronny. Diesmal hatte ich mir vorsichtshalber eine Führleine mitgenommen, und so kam es, daß ich schon nach den ersten paar Metern im Wald Jens auf Anja im Schlepp hatte. Auch Moritz wollte wieder eigene Wege gehen, doch Herr Mattke, diesmal schon etwas erfahrener, überredete ihn zum Gehorsam. Frau Mattke auf Nani machte einen leicht erregten Eindruck. Zu allem Unglück fing es nun tatsächlich an zu regnen, und die gute Frau Mattke blickte verzweifelt in die Runde.

Ich konnte mir nicht verkneifen zu fragen: „Waren Sie heute beim Frisör?"

Ein vernichtender Blick traf mich.

Lachend trieb ich Ronny voran. Das steilste Stück des Weges lag schon fast hinter uns, als Nani in den Wald marschierte.

„Was soll ich denn jetzt machen?" rief Frau Mattke ganz verzweifelt und kleinlaut. Schweigend machte ich Anja von der Leine los und trieb Ronny zu Nani. Eilig holte ich die Stute wieder auf den Weg zurück. Diese kurze Zeit hatte Anja wiederum für sich ausgenutzt. Eifrig lief sie den Weg zurück, während Jens um Hilfe schreiend wie ein Häuflein Elend daraufsaß. Herr Mattke trieb Moritz bereits hinter der Stute her, doch es gelang ihm nicht, sie einzuholen.

„Komm, Ronny, Katastropheneinsatz!" Ich galoppierte los.

Doch nun rief es nicht nur vor, sondern auch hinter mir um Hilfe. Mit einem kurzen Blick über die Schulter zurück erkannte ich, daß Nani und Ano hinter mir her galoppierten. Frau Mattke saß wie ein „Weltmeister" im Sattel.

Wieder waren wir am Anfang des Reitweges angekommen. Der Regen wurde immer heftiger.

Die Pferde waren nicht mehr zum Gehorsam zu bringen, und ich hatte nur zwei Hände und eine Führleine. Nahm ich den einen an die Leine, drehte der andere um; holte ich den zurück, ging der nächste auf Abwege. Ich atmete erleichtert auf, als Carola auf Lola die Straße heraufgaloppiert kam.

„Wie, weiter seid ihr noch nicht?" fragte sie erstaunt. Ich zuckte ratlos mit den Schultern.

Zu zweit gelang es endlich, die vier Pferde, die mit ihren Reitern spazierengingen, zu gruppieren. Wir ritten die Straße weiter hinauf, drehten dann wieder um und bogen erneut auf den Reitweg ab.

Im Wald merkte man den Regen nicht so.

Den restlichen Weg bewältigten wir ohne Schwierigkeiten. Auch Frau Mattke kam mit Nani prima zurecht, obwohl sie manchmal beachtlich ins Schwanken geriet. Ziemlich durchnäßt kamen wir auf dem Hof an.

*

Fast fünf Wochen war ich jetzt in der Fahrschule. Etliche Fahrstunden hatten meine Nerven und die des Fahrlehrers arg strapaziert. Doch es machte auch viel Spaß, und ich wußte, daß mir das alles einmal fehlen würde. Diesen abschließenden Tag wähnte ich allerdings in weiter Ferne.

Darum fiel ich aus allen Wolken, als Herr Mattke mir eines Abends nach dem Unterricht sagte: „In der nächsten Fahrstunde sage ich Ihnen, wann Sie Prüfung haben."

Ich stand da wie vom Donner gerührt. Nur ein Wort hatte in meinem Kopf noch Platz: Prüfung!

Großer Gott, dabei hatte ich doch gerade erst mit der Fahrschule angefangen!

Nun kam zu dem Wort „Prüfung" in meinen Gedanken ein anderes, dick unterstrichenes hinzu: „durchgefallen"!

„Aber ich kann doch nicht — ich habe doch . . ." stotterte ich verwirrt und suchte verzweifelt einen Ausweg.

Mein Abgang an diesem Abend aus der Fahrschule glich fast einer Flucht.

*

„Schade, daß ich keinen Fotoapparat dabeihabe. Das wäre ein Bild, das man in der Fahrschule aufhängen könnte!"

Lachend sah Herr Mattke mich an. Es mußte

wirklich ungewöhnlich aussehen. Ich hatte es mir rücklings auf Ronny bequem gemacht und füllte auf seinem wohlgerundeten Hinterteil Fragebogen aus.

„Das können wir ja anders machen. Ich komme mit Ronny in die Fahrschule. Allerdings kann ich dann nicht dafür garantieren, daß Ihr Unterrichtsraum hinterher noch genauso sauber und heil aussieht wie vorher!"

Lachend klappte ich die Mappe zusammen und rutschte von Ronnys Rücken.

Eilig sattelte ich die Ponys auf.

Letzte Woche war Nani verkauft worden, und so kam es, daß diesmal Katja mitging. Das Fohlen wurde solange in eine Box gesperrt.

In den letzten Stunden hatte ich gemerkt, daß Jens gar nicht mit Anja fertig wurde. Darum teilte ich die Haflingerstute diesmal Herrn Mattke zu. Jens kam auf Moritz, Michaela auf Katja und Frau Mattke auf Ano. Bei Ano war ich mir völlig sicher, daß nichts passieren konnte.

Carola ritt auf Romy mit, die sie letzte Woche zugeritten hatte.

Wir hatten ein Stück des Waldweges hinter uns, als es passierte.

Ano war ein wenig zu weit nach rechts in den Wald geraten. Bei Frau Mattkes Bemühen, ihn weiter nach links zu treiben, verlagerte sie zu sehr ihr Gewicht. Der Sattel begann zu rutschen und mit ihm Frau Mattke.

Ich ritt als Letzte und sah, wie die junge Frau langsam auf die Seite ihres Pferdes rutschte und dann lautlos zu Boden fiel.

Zu allem Unglück war an dieser Stelle der Schlamm ungefähr knöcheltief. Nun saß Frau Mattke in dem Schlamm und fing an zu lachen. Spätestens jetzt hatte auch der letzte der Mannschaft mitbekommen, daß etwas passiert war. Carola blieb

stehen und sah interessiert zurück. Herr Mattke fing an zu grinsen, und gleich darauf hallte der Wald wider von schadenfrohem Lachen.

Carola kam zurückgeritten und hielt Ano am Zügel.

„Ich führe ihn bis da vorn", meinte Frau Mattke. Entschieden schüttelte ich den Kopf.

„Nein, Sie steigen jetzt auf. Da vorn werden Sie auch nicht in den Sattel gehen wollen. Und wenn Sie jetzt nicht aufsteigen, haben Sie immer Angst."

Diese Angst kannte ich nur zu gut. Wenn ich einmal runtergefallen war, stieg ich zwar sofort wieder auf, aber die nächsten Stunden ritt ich langsam, bis ich den Punkt wieder überwunden hatte.

„Doch, da vorn steig' ich wieder auf, bestimmt", versprach Frau Mattke.

Carola hatte Ano inzwischen neu aufgesattelt.

„Sie steigen jetzt und hier auf!" bestimmte ich.

„Nein, der Sattel rutscht bestimmt wieder", versuchte Frau Mattke eine neue Verzögerungstaktik.

Doch nun kam mir Carola zu Hilfe.

„Der Sattel rutscht nicht. Ich trete hier von der anderen Seite den Steigbügel aus." Sie trieb Romy neben Ano und stellte sich mit dem linken Fuß in dessen Steigbügel. Gerade als sie drin stand, schnappte Ano nach Romy. Die zierliche braune Stute sprang erschrocken zur Seite, und nun hing Carola zum Vergnügen des Publikums zwischen zwei Pferden.

Ich hielt es für an der Zeit, einzugreifen. Ich drückte Herrn Mattke Ronny an die Hand und trat neben Ano.

„So, aufsteigen jetzt!" Auffordernd sah ich Frau Mattke an. Deren Blick erinnerte mich an ein scheues Reh, das gleich mit wilden Sprüngen in den Wald flüchten will.

„Ach, Mensch, lassen Sie mich doch! Sie haben doch gesehen, daß das nicht geht." Verzweifelt sah sie mich an. Doch unerbittlich schüttelte ich den Kopf.

„Das geht schon. Ich halte den Steigbügel dagegen. Und jetzt rauf!"

Schweren Herzens und mit erheblich zitternden Knien „schwang" Frau Mattke sich nun doch in den Sattel. Es war ihr aber anzusehen, daß ihr dort oben auf dem Pferd alles andere als wohl war.

Eilig stieg ich auf Ronny. Endlich ging der Ausritt weiter.

Als wir später die Ponys absattelten, meinte Frau Mattke: „Es war doch ganz gut, daß Sie mich gezwungen haben aufzusteigen. Ich hätte sonst das Pferd den ganzen Reitweg geführt. Aufgesessen wäre ich nicht mehr, mir war schon alles ganz egal. Aber nächsten Samstag bin ich wieder mit dabei!"

Erstaunt sah ich sie an. Ihr Mut gefiel mir.

„Obwohl Sie runtergefallen sind?" erkundigte ich mich vorsichtig und verbiß mir ein Grinsen.

„Trotzdem! Gerade deshalb!"

Auf dem Nachhauseweg fiel mir was ein.

„Wie war das am Mittwochabend? Sie sagten irgendwas von Prüfung, wenn ich mich recht erinnere. War das Ihr Ernst?"

Ich hoffte auf eine verneinende Antwort, wurde aber derb enttäuscht.

„Ja, das habe ich gesagt, und es ist mir auch ernst. Ich hätte Ihnen auch den genauen Termin genannt, aber Sie waren ja wie ein geölter Blitz zur Tür raus."

Ich schluckte trocken, während Herr Mattke still in sich hineinlachte. Inzwischen waren wir bei mir daheim angekommen.

„Na gut. Also: Wann habe ich Prüfung, und wann muß ich wieder fahren?" erkundigte ich mich geschlagen und ergab mich mutig in mein Schicksal.

„Fahren am Montag um 12 Uhr, die Prüfung ist am 25. September bei mir in der Fahrschule."

Entsetzt schloß ich die Augen. Nur noch etwa drei Wochen Galgenfrist!

„Na gut, wenn Sie meinen", gab ich notgedrungen nach und kroch geschlagen aus dem Auto.

*

Drei Wochen — wie schnell konnten sie doch vergehen! Mit jedem Tag, der mich der Prüfung näher brachte, wurde ich nervöser.

Am letzten Tag konnte man überhaupt nichts

mehr mit mir anfangen. Ich lief durch die Räume wie ein aufgescheuchtes Huhn, brachte keinen Brief vernünftig zustande und sah ständig auf die Uhr.

Die Nacht wurde ein Alptraum. Zwischen Wachen und Schlafen träumte ich immer wieder, hinter dem Steuer zu sitzen, und sah im Rückspiegel das ernste Gesicht des Prüfers, der verneinend den Kopf schüttelte.

Um halb drei war ich endgültig wach und konnte nicht mehr einschlafen. Also verkroch ich mich samt Taschenlampe, Fragebogen und Lehrbuch unter das Deckbett und versuchte mich zu konzentrieren. Trotz der Wärme fror ich, und meine Hände waren nicht ruhig zu halten. Ich war froh, als ich endlich losgehen konnte. Natürlich stand ich als erste vor der verschlossenen Tür der Fahrschule, und es schien eine Ewigkeit zu dauern, bis Herr Mattke endlich eintraf, und noch länger, bis der Prüfer kam.

Als ich den Fragebogen überflog, sackte mein Magen völlig ab. Und Herr Mattke hatte gesagt, diese Bogen seien einfacher als die, die er ausgab! Wäre die Sache nicht so ernst gewesen, hätte ich herzlich gelacht.

Diese Prüfung ist für dich gelaufen, bevor sie überhaupt begonnen hat, dachte ich bitter. Ich setzte ohne viel Hoffnung Kreuzchen für Kreuzchen und verließ schließlich mit zitternden Knien den Unterrichtsraum.

Resignierend winkte ich ab, als ich gefragt wurde, wie es aussah. Ich wünschte jetzt nur noch, den Fragebogen mit dick angekreuztem Nein zu bekommen und dann nach Hause gehen zu können.

Nach einer Weile, die mir wie eine Ewigkeit vorgekommen war, ging Herr Mattke an der Tür vorbei. Als er meinen bangen Blick bemerkte, grinste er und nickte beruhigend mit dem Kopf. Ungläubig sah ich ihn an, denn diese Geste konnte nur eines bedeuten: bestanden!

Das konnte doch nicht sein! Wenig später sah ich es schwarz auf weiß, und mir fiel ein Stein vom Herzen.

Jetzt kam noch das Fahren. Davor hatte ich noch mehr Angst als vor Theorie.

Es war ungefähr neun Uhr, als ich am Bahnhof ankam, von wo die Prüfungsfahrten losgehen sollten. Unruhig lief ich auf und ab. Es wurde 10 und 11 Uhr. Ich wurde immer nervöser und verärgerter auf den Prüfer. Wollte er meine Nerven ruinieren? Er war mir sowieso unsympathisch. Hoffentlich war das umgekehrt nicht auch der Fall.

Schließlich setzte ich mich in die Bahnhofsgaststätte und trank eine Tasse Kaffee. Mattkes setzten sich zu mir.

„So, wir sind gleich dran. Wollen Sie allein fahren oder sich die Fahrt mit einem anderen Schüler teilen?" Fragend sah der Fahrlehrer mich an.

„Das ist mir egal."

„Gut, dann fahren Sie mit noch jemandem. Einer muß allein fahren, der kommt zuerst dran. Als nächstes fahren dann Sie."

Verflixt, wo war mein Magen denn jetzt schon wieder?

Ich fand ihn in der Kniekehle, während mein Herz mittlerweile in der Hosentasche pochte.

Mensch, Ronny, jetzt drück mir gleich die Hufe, so fest du kannst, dachte ich ängstlich.

Eine Viertelstunde später blickte ich dem grünen Ascona nach, als er vom Bahnhof abrollte. Jetzt gelang es auch den hübschen kleinen Porzellanpferdchen in einem Schaufenster nicht mehr, mich zu fesseln. Ich begann zu frieren und ging langsam zurück in die Bahnhofshalle.

Es dauerte keine drei Minuten, da kam Mattke schon wieder.

„Das kann doch nicht wahr sein", murmelte ich bestürzt und beeilte mich, zum Wagen zu kommen. Der Schüler war durchgefallen. Na, das waren ja „gute" Vorzeichen. Als ich jedoch hinter dem Steuer saß, war meine Nervosität völlig geschwunden.

Ronny, dachte ich noch, jetzt drück sie mir, mein Junge! dann konzentrierte ich mich völlig auf den Straßenverkehr.

„Bitte, fahren Sie auf die Autobahn, Richtung Frankfurt", gab der Prüfer Anweisung.

Gut, den Weg kannte ich. Auf der Autobahn kam die nächste Anweisung.

„Bitte stellen Sie den Wagen bei der nächsten Möglichkeit zum Parken ab."

Als der erstbeste Parkplatz kam, fuhr ich ab und suchte nach einer Parklücke. Voller Freude entdeckte ich rechts mehrere leere Parkboxen. Das war gut. Da brauchte ich nicht abzumessen oder Angst zu haben, einen zu rammen. Glücklich stellte ich den Wagen ab. Doch dieses Glück zerbrach, als ich die ironische Frage des Prüfers vernahm: „Wollten Sie die Polizei besuchen? Das ist der Parkplatz für Besucher der Polizei!"

Entsetzt sah ich Herrn Mattke an und stammelte bloß: „Nein — für die Polizei?"

„Fahren Sie wieder auf die Autobahn und Süd bitte ab!"

Bedrückt befolgte ich die Anweisung. Insgeheim sah ich den grauen Schein in weiter Ferne entschwinden. Ich hörte die gleichmäßigen Motorgeräusche, spürte das Gaspedal und das Lenkrad, und doch war es, als ob nicht ich am Steuer säße, sondern irgendein anderer. Das alles erschien mir so unwirklich — fast wie ein Traum. Wortlos befolgte ich die weiteren Anweisungen des Prüfers, und nachdem er mich durch einige enge und unübersichtliche Straßen gescheucht hatte, mußte ich den Wagen am Waldfriedhof wenden und in eine Parkbox zurücksetzen.

Nach einigen Belehrungen reichte mir der Prüfer — ich glaubte es kaum — den Führerschein.

Herr Mattke beglückwünschte mich. Selig stieg ich auf den Rücksitz, während der nächste Schüler sich ans Steuer setzte. Auf der Rückfahrt zum Bahnhof sah ich nur den grauen Ausweis an.

Danke, Ronny, hast fest genug gedrückt, mein Freund, dachte ich glücklich.

Als wir am Bahnhof ankamen, stürzte sich Frau Mattke gleich auf mich.

„Was ist? Haben Sie ihn?"

Triumphierend hielt ich den Führerschein hoch.

„Donnerwetter! Wie haben Sie das denn geschafft? Sie müssen ja gefahren sein wie ein Weltmeister. Jetzt kann ich es ja sagen: Dieser Prüfer hatte neulich eine andere Fahrschule mit 15 Schülern geprüft. Von den 15 sind 12 durchgefallen!"

Nach diesen Worten hatte ich den doppelten Whisky, den man für mich bestellte, mehr als nötig.

Ich hatte wohl mal wieder mehr Glück als Verstand gehabt.

Um so mehr sehnte ich jetzt den Samstag herbei. Ronny!

Ich mußte zu ihm, mußte meine Arme um seinen schönen Hals legen und die Nervenbelastung der letzten Wochen völlig abschütteln.

Dann war es endlich soweit.

Schon von weitem sah ich Ronny auf der Weide stehen und zum Hof herüberblicken. Ich zweifelte nicht daran, daß er mich bereits gesehen hatte. Schnell schnappte ich mir Apfel und Möhre und rannte zur Weide.

Ein tiefes Wiehern schallte zu mir herüber.

Dann kam er auf mich zu.

„Mein lieber, guter Junge. Jetzt hab' ich endlich den Führerschein. Bald bekomme ich noch ein Auto, dann kann ich so oft bei dir sein, wie ich will. Endlich haben wir es geschafft", flüsterte ich leise und war den Tränen nahe, während ich die Hand meines treuen Schimmels schüttelte.

Heike Mauch:
Pretty Boy, das Araberfohlen

Die zwölfjährige Tina hätte nie gedacht, daß sie nach dem Tode ihres geliebten Ponys je wieder ein Pferd gern haben könnte. Doch dann wird die Nacht, in der auf dem nahen Reiterhof die Stute Prella fohlt, für Tina zu einer Schicksalsnacht. Sie ist entzückt von Pretty Boy, wie sie das Vollblutaraberfohlen nennt, und bekommt ihn schließlich von ihren Eltern geschenkt.
Pretty Boy erwidert die Liebe, mit der Tina ihn aufzieht. Für das Mädchen und das Fohlen ist es eine wunderbare Zeit. Aber es stellt sich auch die Frage: Soll sie das zum Hengst heranreifende Fohlen nicht besser kastrieren lassen? Tina tut es nicht, und jeder Leser wird das verstehen, wenn er miterlebt, zu welch herrlichem Hengst sich das Fohlen entwickelt. Aber damit kommen auch große Probleme. Ein so eigenwilliger, temperamentvoller Hengst wie Pretty Boy ist nicht leicht zu reiten und zu halten. Immer wieder erlebt Tina mit ihm haarsträubende Abenteuer. Und eines Tages wird sie mit dem Verlangen des Komitees für Europäische Zuchterfolge konfrontiert ...